中华传统美德百字经

谨·功成于谨

于永玉 赵洪彦◎编

一段历史之所以流传千古，是由于它蕴涵着不朽的精神；一段佳话之所以人所共知，是因为它充满了人性的光辉。感悟中华传统美德，获得智慧的启迪和温暖心灵的感动；品味中华美德故事，点燃心灵之光，照亮人生之路。

天津出版传媒集团

天津人民出版社

图书在版编目（CIP）数据

谨：功成于谨 / 于永玉，赵洪彦编 . —天津：天
津人民出版社，2012.1（2014.3 重印）

（巅峰阅读文库．中华传统美德百字经）

ISBN 978-7-201-07343-9

Ⅰ．①谨… Ⅱ．①于…②赵… Ⅲ．①品德教育—中
国—通俗读物 Ⅳ．① D648-49

中国版本图书馆 CIP 数据核字 (2011) 第 268694 号

天津人民出版社出版

出版人：黄 沛

（天津市西康路 35 号 邮政编码：300051）

邮购部电话：（022）23332469

网址：http://www.tjrmcbs.com

电子信箱：tjrmcbs@126.com

北京一鑫印务有限责任公司印刷 新华书店经销

2012 年 1 月第 1 版 2014 年 3 月第 2 次印刷

690×960 毫米 16 开本 10 印张 字数：100 千字

定价：26.80 元

中国是一个具有悠久历史和灿烂文化的文明古国，也是举世闻名的礼仪之邦。在历史的长河中，中华民族创造出了绚丽多彩的物质文化和精神文化，为人类的发展和进步做出了重要贡献。其中，中华民族的传统美德被大家代代传承。

　　那么，什么是传统美德？什么是中华民族的传统美德呢？通常来说，传统美德就是在自觉或习俗的道德规范中，一些被大多数人所接受并实际奉行的，而且在现代仍有着积极影响的那些美德。具体到中华民族传统美德，概括起来就是指中华民族优秀的民族品质、优良的民族精神、崇高的民族气节、高尚的民族情感以及良好的民族礼仪等，是中华民族在历史实践过程中积累而成的稳定的社会优秀道德因素，体现在人们生活的方方面面，涉及政治、经济、文化、意识等领域，并通过社会心理结构及其他物化媒介得以代代相传。

前 言

　　经过长期的历史沉淀，中华传统美德已融入到中华民族的思想意识和行为规范中，成为社会道德文化的遗传基因，成为整个中华民族文化的精神内涵，也是中华五千年文明史的精髓所在。继承和弘扬中华民族传统美德，可以振奋民族精神，增强民族自尊心、自信心、自豪感和凝聚力，使社会主义道德规范具有更丰富的内涵，让社会主义、集体主义、爱国主义思想等更加深入人心，成为社会主义文化的主旋律。同时，还可以更好地协调人际关系，促进社会主义市场经济的健康发展，形成有中国特色的、适应社会发展的价值观和伦理道德规范。

国民的思想道德状况，尤其是青少年的思想道德状况，直接关系着一个国家、一个民族的整体素质，关系着国家前途和民族命运。目前，我国已进入改革发展的新时期新阶段，德育教育的价值和意义更是日渐凸显。大力弘扬中华传统美德，建设社会主义核心价值体系，促进社会主义文化的发展和繁荣，是建设全面小康社会的主要任务，更是实现中华民族伟大复兴的必然要求。因此，党中央非常注重我国公民道德建设，全社会也已形成了加强和改进思想道德建设的新风尚。

　　青少年是国家的希望，是民族不断发展和延续的根本，因此，青少年德育教育就显得更加重要。为了增强和提升国民素质，尤其是青少年的道德素质，我们特意精心编写了本套丛书——《中华传统美德百字经》。

　　本套丛书立足当前公民，尤其是青少年思想道德教育的现实，将中华民族的传统美德归纳为一百个字，即学、问、孝、悌、师、教、言、行、中、庸、仁、义、敦、和、谨、慎、勤、俭、恤、济、贞、节、谦、让、宽、容、刚、毅、睦、贤、善、良、通、达、知、理、清、廉、朴、实、志、道、真、立、忠、诚、公、正、友、爱、同、礼、温、信、尊、敬、恭、恕、责、仪、精、专、博、富、明、智、勇、力、安、全、平、顺、敏、思、积、利、健、率、坚、情、养、群、严、慈、创、新、变、革、争、谏、诲、齐、省、克、竞、求、简、洁、强、律。丛书内容丰富、涵盖性强，力图将中华民族传统美德的内涵囊括进去。丛书通过故事、诗文和格言等形式，全面地展示了人类永不磨灭的美德：诚实、孝敬、负责、自律、敬业、勇敢……

这些故事在中华民族几千年的历史长河中，一直被人们用来警醒世人、提升自己，用做道德上对与错的标准；同时通过结合现代社会发展，又使其展现了中华民族在新时代的新精神、新风貌，从而较全面地展示了中华民族的美德。

在本套丛书中，为了帮助读者更好地理解这些源远流长的传统美德，我们还在每一篇故事后面给出了"故事感悟"，旨在令故事更加结合现代社会，结合我们自身的道德发展，以帮助读者获得更加全面的道德认知，并因此引发读者进一步的思考。同时，为丰富读者的知识面，我们还在故事后面设置了"史海撷英"、"文苑拾萃"等板块，让读者在深受美德教育、提升道德品质的同时，汲取更多的历史文化知识。

这是一套可以打动人心灵的丛书，也是可以丰富我们思想内涵的丛书……《中华传统美德百字经》向我们展示的是一种圣洁的、高尚的生活哲学。无论在任何社会、任何时代，给予人类基本力量的美德从来不曾变化。著名的美国政治家乔治·德里说："使美国强大的不是强权与实力，而是上帝赐予的美德。假如我们丢失了最根本且有用的美德，导弹和美元也不能使我们摆脱被毁灭的命运。"在今天，我们可能比任何时候都更应关心道德问题，尤其是青少年的道德问题，因为今天我们正逐渐面临从未有过的道德危机和挑战。

人生的美德与智慧就像散落的沙子，我们哪怕每天只收集一粒，终有一天能积沙成塔，收获一个光辉灿烂的明天。《中华传统美德百字经》中的美德故事将直指我们的内心，指向人性中善良的一面，唤起我们内心深处的道德感。因此，中华民

前 言

族的传统美德也一定会在我们的倡导和发扬之下，世世传承，代代延续！

全套丛书分类编排，内容详尽、文字优美、风格独具，是公民，尤其是青少年思想道德建设的优秀读物。愿这些恒久流传的美文和故事能抚平我们每个人驿动的心，愿这些优秀的美德种子能在青少年身上扎根、发芽、生长……

谨·功成于谨

据《汉典》释义，"谨"有谨慎小心、谨严、谨细、谨守和恭敬等意思。

所以说，"谨"首先要求我们要小心，在言行方面谨慎行事，不要轻举妄动。隋代的王通就曾说过："言不中，行不谨，辱也。"因此，要不想遭受侮辱，不想遭受祸患，那首先要注意自己的言行举止，平时要小心，不鲁莽行事，"择可言而后言，择可行而后行"；要恭谨，对人以礼相待；要谨身节用，学会约束自己的嗜好。

管好自己的言行，保全了自身后，要想干一番大事业，还是离不开"谨"字。这个时候，就要谨细了。"千里之堤，溃于蚁穴"，细节是不可忽视的。细节是生活与事业中一些很小的闪光点，但它的作用却不可低估。有些人奉行做大事，认为自己高人一等，胜人一筹，从而忽视小节，结果不但没有提升自己，反而更加失败。因为他们不明白，浩瀚的大海是由一滴滴水融汇而成，茂盛的森林是由千百棵树连接而成，骄人的成绩更是由无数细小的成功凝聚而成。因此，把握好生命中的细节，酝酿过程中的细节之后才能离成功更近一步。

要想成功，只做好细节还不够，一切还要"谨"来帮忙。这个时候需要的就是严谨，即严肃认真、谨慎小心而又脚踏实地的精神。《诗》云："如切如磋，如琢如磨。"宋·朱熹注："言治骨角者，既切之而复磋之；治玉石者，既琢之而复磨之，治之已精，而益求其精也。"这就是严谨。汪中求先生在他的《细节决定成败》一书中写道："在中国，想做大事的人很多，但愿意把小事做细的人很少；我们不缺少雄韬伟略的战略家，缺少的是精益求精的执行者；决不缺少各类管理规章制度，缺少的是规章条款不折不扣的执行。我们必须改变心浮气躁、浅尝辄止的毛病，提倡注重细节，把小事做细。"也只有这样，才能真正到达成功的彼岸。

另一方面，"谨"虽然说要处处小心，但并不是畏缩不前。正如傅雷所说："没有经过战斗的舍弃是虚伪的，没有经过苦难的超脱是轻佻的。"要"谨"，就要先有所为。如果只是隐居山中"采菊东篱下，悠然见南山"，是无所谓"谨"的；只有那些身体力行，投身社会与国家社稷之人，才因"谨"而可行天下，为百姓而鞠躬尽瘁。

一个人要做到"宠辱不惊，看庭前花谢花开；去留无意，任天上云卷云舒"，不受外界干扰，坚持自我，这便是"谨"。然而浮躁会让人短暂地失去理智，双目被飘过的轻叶遮蔽，失了性情，那不是古人所奉行的美德。因此我们要选择正确的做法，做无悔的事，巧妙规避风险。

"谨"，作为中华民族的传统美德之一，它包含了太多的东西。在其意义深处，是古老的中华文化精华的一种积淀，是古代圣人智慧的结晶。古往今来，多少名人志士践行着这个传承千古的美德。而在今天，不管是学者大家还是一般大众，仍然有人在继续着这样的美德。他们或者恭谨处事，或者谨细服务，或者严谨治学。他们用他们的诚意与努力继承和发扬着这个可以成为一生财富的美德。"功成于谨"，继承好"谨"的美德，才能在"谁主沉浮的"社会中脱颖而出，得到属于自己的成功。

目录

ZHONGHUACHUANTONGMEIDEBAIZIJING

中华传统美德百字经

谨·功成于谨

第一篇

谨言行以成大事

周武王谨行待时机

◎圣人敬小慎微，动不失时。——《淮南子·人间训》

姬发（约公元前1087—前1043年），姬姓，名发，谥号武王，西周时代青铜器铭文常称其为珷王，西周的创建者。姬发是周文王的次子，约公元前1050年文王死，他继承王位，沿用"受命"年。姬发继承其父遗志，推翻商朝统治，成为西周王朝的开国之君。牧野大战之后，商军全线溃退，纣王逃回殷都自焚于鹿台。后姬发建都镐京，建立诸侯国，在位19年崩，谥号"武王"。

商朝时期，商纣王是一个残酷暴虐、荒淫无度的庸君，他在位期间，肆意杀害宗室大臣，甚至以残害百姓为乐。大臣们多次强谏，纣王都不知悔悟，反而将这些大臣驱逐出朝歌。

在暴君纣王的统治下，商朝的政治上十分腐败，但军事上仍有较强的实力。周武王姬发审时度势，等待时机灭掉商朝。他即位九年后，为了便于进攻商都朝歌（今河南淇县），将都城由丰（今陕西西安西南沣水西岸）迁至镐（今陕西西安西南沣水东岸），并举行了历史上著名的"孟津观兵"。

这次观兵其实是一次为灭商作准备的军事演习和检阅。周武王率领大军先西行至毕原（今陕西长安县内）文王的陵墓进行祭奠，然后转而东行，向朝歌前进。在中军，武王竖起写有父亲西伯昌名字的大木牌，自己只称太子发，意为仍由文王任统帅。当大军抵达黄河南岸的孟津（今河南孟津县东北），有800名诸侯闻讯赶来参加。人心向周，商纣王孤立无援的形势已形成。

于是，周武王又派人到商朝去察看情况。不久，被派去的人捎信来说："商朝现在是奸人当道，群臣离心离德。"但武王认为，行事还应小心，伐商的时机还未到。

后来，武王又接到报告说："商朝的百姓只是内心愤怒，闭口不敢说话，但对商纣王的恨却表现得咬牙切齿。"尽管如此，武王还是谨慎地按兵不动。

最后，被派去的人又捎信说："商朝国势危殆，民心动乱，一场大的暴动正在酝酿着。"

这时，周武王才觉得讨伐纣王的时机已经成熟，于是联合八方诸侯国，向商朝发起总攻。

在出发前，太史卜了一卦，得兆象大凶。见是不吉之兆，百官都大惊失色，但武王决心已定，毅然率兵车300乘、近卫武士3000人、甲士4.5万人向朝歌进发。大军到达朝歌郊外70里处的牧野（今河南汲县南）时，各诸侯率兵车4000乘至此会合。

当商纣王闻知周兵已到，慌忙调集都中士兵，又把囚犯、奴隶、战俘武装起来，共起兵17万（一说70万）相迎。双方在牧野展开大战。

在战斗中，周军士气高涨，奋勇冲杀。纣王自以为自己兵多士众，派出17万大军迎战，可他万万没想到，当两军相遇后，奴隶兵突然阵前暴动，倒戈反击，引周军杀入朝歌。纣王见大势已去，登上鹿台，自焚身死。商朝由此灭亡。

◎故事感悟

所谓"时来莫错过，无机莫强求"，在时机没有到来时，则不可勉强求得，一定要小心行事。有不少事情是必须靠等待的，如瓜的生长，需要一个时间过程，才会瓜熟蒂落。周武王成功伐纣就恰恰证明了这一点。

◎史海撷英

周武王的政策

周武王姬发攻灭商朝后，建立了西周，定都镐京，成为我国历史上第三个奴隶制王朝。

为了巩固自己的统治，周武王采纳了周公对商民进行安抚以稳定天下形势的措施，以公、侯、伯、子、男五等爵位分封亲属和功臣，让他们建立自己的诸侯国。比如，封姜尚于营丘为齐国，封周公于曲阜为鲁国。他还让纣王之子武庚留在商都，封为殷侯，这也大大地安定了商朝的遗民，减少他们的敌对情绪。

与此同时，武王还释放囚犯，赈济贫民，发展生产，从而促进了西周初年政治经济的稳定与发展。

建国后的第三年，武王因病去世，武王之子诵继位，是为周成王。由于成王年纪尚小，便由周公旦摄理朝政。

周武王因消灭了腐朽的旧王朝，建立新的王朝，故而也成为历史上少数的名王之一，受到后人称颂。

◎文苑拾萃

执 竞

执竞武王，无竞维烈。

不显成康，上帝是皇。

自彼成康，奄有四方，斤斤其明。

钟鼓喤喤，磬筦将将，降福穰穰。

降福简简，威仪反反。

既醉既饱，福禄来反。

季文子谨身节用

◎克勤于邦，克俭于家。——《尚书·大禹谟》

> 季文子（？—前568年），即季孙行父，姬姓，季氏，谥文，史称"季文子"。春秋时期鲁国的正卿，公元前601年到公元前568年执政。季文子的祖父是鲁桓公之子友，公子友按照排行称"季友"。季友辅佐鲁僖公执政多年，谥成，史称"成季"。成季有子无佚，无佚生行父。季孙行父为人谨小慎微，克俭持家，执掌鲁国朝政30多年，厉行节俭，开一代俭朴风气；开初税亩，促进鲁国的改革发展。

春秋时期，季文子出身于三世为相的家庭，是当时鲁国的贵族，也是著名的外交家。他为官30多年，一直严格约束自己，力求慎简，并要求家人也过俭朴的生活。

季文子曾经说过："谨身节用，是以为家。谨身节用，方以为国。"就是说，不管在什么时候，"谨"都是十分重要的。每个人都会有口腹、身心的欲望，但都要学会"谨"，也就是约束自己。只有这样，才能真正地完善自己，为家为国。因此，季文子穿衣只求朴素整洁，除了朝服以外，便没有几件像样的衣服了；每次外出，他乘坐的车马也十分简单。

见季文子这样谨身节用，当时有个名叫仲孙它的人就劝季文子说："你身为上卿，德高望重，但听说你在家里不准妻妾穿丝绸衣服，也不用粮食喂马，你自己也不注重容貌服饰，这样不是显得太寒酸，让别国的人笑话您吗？这样做也有损于我们国家的体面，人家会说鲁国的上卿过的是一种什么样的日子啊？您为什么不改变一下这种生活方式呢？这于己于国都有好处，何乐而

不为呢？"

季文子听后，淡然一笑，然后严肃地回答说："我也希望把家里布置得豪华典雅，但是看看我们国家的百姓，还有许多人吃着粗糙得难以下咽的食物，穿着破旧不堪的衣服，还有人正在受冻挨饿。想到这些，我怎能忍心去为自己添置家产呢？这个时候如果不努力约束自己，让自己过更简朴的生活，如何体现个人的修养？如果平民百姓都粗茶敝衣，而我则妆扮妻妾，精养良马，这哪里还有为官的良心？况且，我听说一个国家的强盛与光荣只能通过臣民的高洁品行表现出来，并不是以他们拥有美艳的妻妾和良骥骏马来评定的。既然如此，我又怎能接受你的建议呢？"

季文子的这一番话，说得仲孙它满脸羞愧，同时内心对季文子更加敬重。

此后，仲孙它也效仿季文子，十分注重"谨身"，约束自己的物质生活，过着简朴的日子，妻妾们也只穿用普通布做成的衣服，家里的马匹也只是用谷糠、杂草来喂养。

◎故事感悟

古语道："谨身节用，以养父母，此庶人之孝也。"季文子约束自己的行为，过节俭的日子，不仅仅是为了父母，更是为了国家。骄奢能让一个人堕落，能让一个国家灭亡。正是认识到这一点，季文子才如此谨身节用，小心翼翼。

◎史海撷英

季文子因俭免灾

季文子在世的时候，就以廉洁简朴的形象而在诸侯国中形成了良好的口碑。

晋楚两国发生鄢陵之战后，鲁卿叔孙侨如为了逞一己之私，怂恿晋国扣押了前往参加盟会的季文子，并以做晋的属国为条件，要求晋国杀掉季文子。但是，晋卿范文子却没有这样做。因为在他看来，"季孙于鲁，相二君矣。妾不衣帛，马不食粟，可不谓忠乎？"杀这样的人是不得人心的。最终，季文子得以全身而归。

　　在这一事件中，虽然不能忽视晋卿范文子的作用，但最终促使范文子这样做的，正是季文子的廉洁简朴。作为在鲁国掌权十几年的重臣，季文子去世时，竟然"家无衣帛之妾，厩无食粟之马，府无金玉"。堂堂三朝元老不仅没有什么积蓄，甚至家臣连丧葬用品都准备不齐，确实让人慨叹不已。

◎文苑拾萃

三思而行

　　"三思而行"出自于《南齐书·公冶度》："季文子三思而后行。"是说季文子做任何事的时候，都要经过反复的考虑，然后再去做。

　　"三思而行"的典故最早见于《论语·公冶长第五》："季文子三思而后行。子闻之曰：再，斯可矣。"意思是说，季文子做事很谨慎，凡事都会思考三次以后才做决定。孔子听说后，却有些不以为然，说："思考两次，就可以啦。"

　　这句话后来便演变成"三思而行，再思可矣"，或者干脆只说"三思而后行"。原意为孔子不赞成做事太过于谨慎，因思虑太多而失去机会；后来意义上也有些变化，总体上大家还是比较倾向于做事多考虑几次谨慎一点好。

嘴巴紧闭的金人

◎前辈如瓶戒，无言胜有言——文天祥

> 孔子（公元前551—前479年），名丘，字仲尼，兄弟排行第二，所以也有人称之为"孔老二"。孔子是春秋后期鲁国人，汉族。儒家的创始人。孔子有一套虽不周密但却相当完整的思想体系和政治见解。孔子思想中最光辉的一点是提倡"仁"，"仁"就是"爱人"。

《孔子家语·观周》中记载，孔子从鲁国到周朝的都城洛邑游学时，去参观了周朝供奉周太祖后稷的宗庙。

在庙右边的台阶前面有一个"金人"，这是用铜浇铸的人像，但是人像的嘴巴是紧闭着的，其背后有一篇铭文，说："这是古时候说话小心的人，警惕啊！警惕啊！不要多说话，多说话只有多坏事。不要多事，多事多祸患。太舒适的人要警戒，不要做后悔的事情。不要说这有什么可怕，它的祸患将要增长呢；不要说这有什么害处，它的祸患可大着呢；不要说这有什么残忍，它的祸将像火一样慢慢地燃烧呢；不要说别人听不到，天妖正在窥伺着。微明的小火不灭，势盛的大火又奈它何；细小的水只要不堵塞，最后终将变成江河；长长的线不断绝，最后终将织成网罗；茂盛的木材不砍伐，最后就会长成参天大树。不谨慎，将是一切的祸源。认为这没有什么妨碍，就是祸患的开端。强横的人不得好死，好胜的人必定遭遇到对手。强盗劫掠富人，人民厌恶权贵。君子知道天下不能完全遮盖，所以要退后一点，谦卑一点，让人家羡慕他；能够做到退让一点，谦卑一点，就没有人同他争。人家都向那边去，我独守住这里；大家都迷惑，我独和他们不同；内心藏有智慧，不和人家计较技艺；我地位虽高，没有人害我。江河能汇集百川，因为它地位卑下。老天是公平的，它只知道常常帮助好人。警惕啊！警惕啊！"

孔子认认真真地读完了这篇铭文，感触很深，回头对弟子们说："你们要记住，这话虽然很鄙俗，却很切合情理。《诗经》上说：'说话一定要小心谨慎，好像接近深渊一样，好像走在薄冰上一样。'一个人能够像这样地立身处世，哪里还会因为失言而遭到灾祸呢？"

◎故事感悟

正如孔子所说，说话就像走在薄冰上一样，随时都有掉下去的危险。金人之所以紧闭着嘴巴，就是为了少说话，远离危险。在生活中，本来是很好的朋友，但往往因为不小心的一句话，就可能导致一场危机，这样的例子实在是数不胜数。言多必失的古训犹在耳边，所以说，择可言而后言，才是明智之举啊！

◎史海撷英

莱布尼茨赞儒学

德国的莱布尼茨是第一个承认中国文化对西方作出过重大贡献的西方学者。他曾经研究过中国的《易经》，他发现：如果以阴爻代表0，以阳爻代表1，那么，《易经》的图像从0到64正好为二进制的连续数列。这与他在1678年发明的二元算术是完全一致的。据此，莱布尼茨深信，中国的哲学具有充足的科学根据，所以他也赞美儒学，甚至公然宣称，在道德和政治方面，中国人优于欧洲人。

莱布尼茨还斥责那些在中国传统思想面前夜郎自大的欧洲学者："我们这些后来者，刚刚脱离了野蛮状态就想谴责一种古老的学说，理由只是因为这种学说似乎首先和我们普通的经院哲学的概念不相符，这真是狂妄至极！"

莱布尼茨对中国文化的重视，也引起了全世界的注意。后来，一位名叫五来欣造的日本学者认为："儒教不仅使莱布尼茨蒙受了影响，也使德意志蒙受了影响。"

◎文苑拾萃

池州夫子庙麟台

（唐）韦表微

二仪既闭，三象乃乖。圣道埋郁，人心不开。

上无文武，下有定哀。吁嗟麟兮，孰为来哉。

周虽不纲，孔实嗣圣。诗书既删，礼乐大定。

劝善惩恶，奸邪乃正。吁嗟麟兮，克昭符命。

圣与时合，代行位尊。苟或乖戾，身穷道存。

于昭鲁邑，栖迟孔门。吁嗟麟兮，孰知其仁。

运极数残，德至时否。楚国浸广，秦封益侈。

墙仞迫厄，崎岖阙里。吁嗟麟兮，靡有攸止。

世治则麟，世乱则麋。出非其时，麋鹿同群。

孔不自圣，麟不自祥。吁嗟麟兮，天何所亡。

孟母为子三迁

◎致广大而尽精微。——《中庸》

> 孟母（？—前317年），孟子的母亲仉氏，战国时人，以教子有方著称。孟子3岁丧父，靠母亲教养长大成人，并成为后世儒家追慕向往的亚圣，孟母也留下了"孟母三迁"、"断机教子"等教子佳话。

孟子在3岁的时候父亲就去世了，母亲靠纺纱织布来维持生活。家里的日子虽然过得很贫苦，但母亲一心想要把孟子教育好，让他长大后成为一位对社会有贡献的人。

可是，孟子从小却十分淘气、贪玩。他经常与村里的孩子一起上树掏鸟窝，下河去摸鱼虾，有时甚至玩得忘记了回家。小心细致的孟母认为环境对人可以产生很大的影响，所以必须寻找到一个好的环境来教化儿子，因此便把家搬离了那些住有淘气孩子的地方。

但是，新搬的地方隔壁又是个铁匠铺，孟子又学着铁匠玩起打铁来了。于是，孟母又一次搬家。而这次，她干脆把家搬到了郊外的荒野之处。她认为，这样单独居住，儿子便能专心念书了。谁想到，每年的清明节，荒野中会来很多上坟的人，于是，孟子再次从家里逃出去观看人家上坟，甚至学着大人的样子，拿小树枝挂纸钱，烧香、磕头。

孟母不得不第三次搬家。这一次，她把家搬到了一所学校的旁边，而且正式把儿子送到学校里拜师读书。可是，枯燥乏味的教学让孟子忍耐不住，

他逃学了。

这次，孟母再也忍不住了，她一把把儿子拖到织布机旁，拿了把剪刀"咔嚓"一下把自己织的布全剪断了，说："不愿读书的人将来长大了就与这剪断的布一样，是没用的东西！"

这回孟子终于受到了震动，下决心不再辜负母亲对自己的希望，发奋读书，最后终于成为战国时期的大学问家。

◎故事感悟

为了让子成才，孟母付出了许多心力。她深知在孩子学习正当年的时候，任何不好的环境都会影响孩子，所以她不容许有任何影响孩子学习的事物出现在身边，为此不惜多次搬家。谨细如此，真是可怜天下父母心啊！

◎史海撷英

孟母买肉啖子

孟子很小的时候，孟母不仅重视客观环境对孟子的影响，而且十分注重言传身教，经常以自己的一言一行、一举一动来启发教育孟子。

有一次，邻居家正在磨刀准备杀猪。孟子见了很好奇，就跑去问母亲："邻居在干什么？"

"在杀猪。"

"杀猪干什么？"

孟母听了，笑了笑，随口说道："是给你吃啊。"

刚说完这句话，孟母就后悔了，因为邻居并不是为孩子杀的猪，而自己却欺骗了他，这不是在教他说谎吗？

为了弥补这个过失，孟母便真的买来邻居的猪肉给孟子吃了。

◎文苑拾萃

得道多助，失道寡助

（战国）孟　子

　　天时不如地利，地利不如人和。

　　三里之城，七里之郭，环而攻之而不胜。夫环而攻之，必有得天时者矣，然而不胜者，是天时不如地利也。

　　城非不高也，池非不深也，兵革非不坚利也，米粟非不多也，委而去之，是地利不如人和也。

　　故曰，域民不以封疆之界，固国不以山溪之险，威天下不以兵革之利。得道者多助，失道者寡助。寡助之至，亲戚畔之。多助之至，天下顺之。以天下之所顺，攻亲戚之所畔，故君子有不战，战必胜矣。

诸葛亮小心择主

◎君子之遇事，一于敬而已。——杨时

诸葛亮（181—234年），汉族，字孔明，号卧龙居士，中国三国时期蜀汉杰出的丞相以及政治家、军事家、战略家、散文家、外交家。诸葛亮27岁时，刘备三顾茅庐，诸葛亮遂出山辅佐刘备，联孙抗曹，赤壁之战大败曹军，形成三国鼎足之势，夺占荆州。刘备在成都建立蜀汉政权，诸葛亮被任命为丞相，主持朝政。蜀汉后主刘禅继位，诸葛亮被封为武乡侯，领益州牧，建立丞相府以处理日常事务。当时，全国的军、政、财，事无大小，皆由诸葛亮决定，赏罚严明。对外与东吴联盟，对内改善与西南各族的关系，实行屯田，加强战备。建兴五年（227年），诸葛亮上书（即《出师表》）刘禅，率军出驻汉中，前后6次北伐中原，多以粮尽无功，终因积劳成疾，病逝于五丈原军中。

诸葛亮是三国时候的著名谋臣，他一生谨慎小心，留下了许多千古佳话。尤其在择主的问题上，他的小心可见一斑。

诸葛亮生于琅邪郡阳都县的一个官吏之家，但是父母早逝。为避战乱，诸葛亮与弟弟诸葛均一起跟随叔父诸葛玄去襄阳投奔荆州牧刘表。刘表与诸葛玄是旧交，后来诸葛亮娶襄阳名士黄承彦之女为妻，其岳母与刘表的后妇蔡氏是同胞姐妹，这样一来他们又多了一层亲戚关系。刘表手握节钺，生杀予夺，皆可自专，安排诸葛亮在自己幕下供职不过是举手之劳，但是，诸葛亮并没有选择投靠他。

对于自己的主人，诸葛亮有着自己的条件，那就是具有雄才大略、审时度势、礼贤下士的一代英主。刘表居安自保，充其量是个据守一方的军阀而已，他怎么可能将自己的前途、命运，特别是自己的政治抱负寄托给这样一个人呢？历史注定刘表不会用诸葛亮，诸葛亮也不会选择刘表。于是，在建安四年（199年）左右，诸葛亮选择了离开襄阳，在南阳卧龙冈躬耕自食，与烟波钓徒为伍。

那个时候正值汉朝末年，黄巾事起，天下大乱，曹操坐踞朝廷，孙权拥兵东吴，天下形势紧张，各路君主都在招兵买马，储蓄人才。

徐庶和司马徽便向汉宗室豫州牧刘备推荐，说诸葛亮很有学识，又有才能，是一个难得的人才。求贤若渴的刘备就和关羽、张飞带着礼物到卧龙岗去请诸葛亮出山辅佐他。

诸葛亮对刘备也是早有耳闻。一个个割据政权，一个个军阀谋主，在诸葛亮心目中各有尺码。古人曰：旁观者清。处在卧龙冈静观事态变化的诸葛亮自然看到刘备东征西讨，已显出英雄气度，"弘毅宽厚，知人待士，盖有高祖之风，英雄之器"（《三国志·刘备传》）。但是他并没有立刻出门迎接刘备一行，而是出门去了。此时的诸葛亮自有打算。

这天，当刘备一行三人来到诸葛亮居住的茅屋时，就发现诸葛亮出去了。刘备一行三人只得失望地回去。不久，刘备又和关羽、张飞冒着大风雪第二次去请。不料，诸葛亮还是不在。张飞本不愿意再来，见诸葛亮不在家，就催着要回去。刘备只好留下一封信，表达了自己对诸葛亮的敬佩和请他出来帮助自己挽救国家危险局面的意思。

过了一段时间，刘备吃了三天素之后，准备再去请诸葛亮。关羽说诸葛亮也许是徒有虚名，未必有真才实学，不用去了。张飞却主张由他一个人去叫，如他不来，就用绳子把他捆来。刘备把张飞责备了一顿，三人第三次来请诸葛亮。

这一次，诸葛亮终于在家。但是当他们来到诸葛亮家门前时，发现诸葛亮正在睡觉。其实诸葛亮并没有真的睡觉，只是想考验一下刘备。结果刘备不敢惊动他，一直在门外站着。

不久之后，诸葛亮微笑着走出门来，请刘备等人进屋。接着，诸葛亮与刘备进行了一番深入长谈，这就是大家所熟悉的《隆中对》。在谈话中，诸葛亮对当时天下的形势讲得非常清楚，提出三分之势在当时是不可逆转的。讲清形势以后指出，第一，要夺取荆州，然后向益州发展，这样能够形成一种三足鼎立的形势，这是一个总体的战略；第二，提出了在三足鼎立形势下的行动策略，要联吴抗曹，要跟孙权联合起来对付曹操；第三个方面又提出来要内修政理，这样，在一个适当的机会，就可以出兵北伐，统一天下。

诸葛亮的《隆中对》使刘备有了一个明确的目标。经过一番辩论，刘备和诸葛亮顿时如获知音，相见恨晚。诸葛亮有感于刘备的真诚和雄才伟略，决定出茅庐助刘备。

后来的事实证明，诸葛亮的小心谨慎是对的，他跟随刘备一起打江山，干出了一番伟业。想当初，他能抗拒住一时名利的诱惑，投身前景并不光明的刘备，说明诸葛亮比别人有远见，他追求的不是一生一世的功名显赫，更不是所从属政治集团的整体"事业"，而是"光昭将来，刊载不朽"的万世美名。同时，他也看中了刘备人才匮乏的现状将给自己提供无比广阔的发展空间。后来，对待东吴的拉拢，他巧妙地回答："孙将军可谓人物，然观其度，能贤亮而不尽亮，吾是以不留。"

◎故事感悟

刘备三顾茅庐邀请诸葛亮出山，正因为这份真诚，使诸葛亮最终出山辅佐刘备。正所谓"良禽择木而栖，良臣择主而事"。这充分说明诸葛亮择主的谨慎。作为一个大谋臣，他没有朝秦暮楚，而是谨慎选择了一个政权，和刘备形成了几十年的君臣关系，被传为千古佳话。

◎史海撷英

茶　祖

中国的茶文化源远流长，这不能不说是诸葛亮的贡献。

有一年，诸葛亮率军南征云南，在这里，将士们遇到了大山中的瘴气，大多都中毒染病。一天，诸葛亮忽然梦见白发老人托梦，顿悟出以茶祛病的方法。果然，茶到病除，士气大振。

为了答谢白发老人的托梦之恩，更为了造福当地百姓，在征战结束后，诸葛亮便在当地的大山中播下了大量的茶籽，种茶成林，并把烹茶技艺传授给当地人。在云南的古茶区，现在还有"孔明山"、"孔明茶"等，每年农历7月23日诸葛亮的诞辰日，当地人都要举办"茶祖会"，以纪念诸葛亮给当地人带来茶种，带来健康，带来先进文化的贤德。

◎文苑拾萃

刘备其人

刘备能从一个卖鞋的汉朝皇室远亲，成为割据一方的军阀，最后成为蜀汉的开国皇帝，与他的用人策略是分不开的。刘备既没有曹操一代枭雄的政治家谋略，也缺乏孙权割据江东的根据地，但他却能以一介布衣而与曹操和孙权三分天下，他所依靠的，仅仅是"一哭二赖三义气"。

刘备的哭可谓世间一绝，他先哭得谋臣诸葛亮，再哭得荆、益之地，又以哭逼得诸葛亮不敢有废刘禅而代之的非分之想，真是哭得前无古人、后无来者。而他的赖，也是很有名的，先是赖陶谦，得到下邳以栖身，后来又赖鲁肃，逼得东吴无法讨回荆州。

而刘备唯一失败的地方，可能就是他的义气用事了。他虽然以义字得到了关羽、张飞两员猛将，但也为这两员猛将的死而放弃了"联吴抗曹"的立国方针，尽全国之兵而伐吴，结果被陆逊打败，自己也忧郁而死，导致蜀汉从此衰落，无力再取中原，最后率先被灭。

石奋恭谨闻天下

◎不患位之不尊，而患德之不崇；不耻禄之不伙，而
耻智之不博。——张衡

石奋（？—前124年），西汉河内郡温县人。"战战兢兢，如临深渊，如履薄冰"，
谨慎小心是石奋性格的主要特征。司马迁认为石奋虽不善言谈，但却敏于行事。

汉高祖刘邦东进攻打项羽，途经河内郡。当时，石奋只有15岁，做了一
个小官吏，侍奉高祖。高祖与石奋谈话，很喜爱他恭敬谨慎的态度，就问他
说："你家中还有些什么人？"

石奋回答说："我家中只有母亲，不幸眼睛已失明。家中很贫穷。还有个
姐姐，会弹琴。"

高祖又说："你愿意跟随我吗？"

石奋回答说："愿竭尽全力侍奉。"

于是，高祖就召石奋的姐姐入宫做了美人，并让石奋做了中涓，主要受
理大臣进献的文书和谒见之事，他的家也迁到长安的中戚里。

到了汉文帝时期，石奋的官职升至太中大夫。虽然他不通儒术，可是恭
敬谨慎却无人可比。

汉文帝时，东阳侯张相如做太子太傅，后来被免了职。文帝便重新选择
可以做太傅的人，大家都推举石奋，于是石奋做了太子太傅。等到景帝即位
后，更是使他官居九卿之位。由于石奋过于恭敬谨慎而接近自己，景帝也很
畏惧他，便调他做了诸侯丞相。

石奋的长子石建，二子石甲，三子石乙，四子石庆，都因为性情顺驯，对长辈孝敬，办事谨慎，官位做到2000石，因此景帝说："石君和四个儿子都官至2000石，作为人臣的尊贵荣耀竟然集中在他们一家。"所以，就称呼石奋为万石君。

景帝末年，石奋享受上大夫的俸禄告老回家，在朝廷举行盛大典礼朝令时，他都作为大臣来参加。在经过皇宫门楼时，石奋一定要下车急走，表示恭敬，见到皇帝的车驾也一定要用手扶在车轼上表示致意。

他的子孙辈做了小吏，回家看望他时，石奋也一定要穿上朝服接见他们，而且不直呼他们的名字。子孙中有人犯了过错，他也不斥责他们，而是坐到侧旁的座位上，对着餐桌不肯吃饭。这样，以后其他的子孙们就纷纷责备那个有错误的人，再通过族中长辈求情，本人袒露上身表示认错，并表示坚决改正，才答允他们的请求。已成年的子孙在身边时，即使是闲居在家，石奋也一定要穿戴得整整齐齐，显示出严肃的样子。

石奋的仆人也都非常恭敬他人，谨慎行事。有时皇帝赏赐一些食物送到他家，石奋也必定叩头跪拜之后才弯腰低头去吃，就好像在皇帝面前一样。在办理丧事时，石奋也非常悲哀伤悼。子孙后代都遵从他的教诲，也像他那样去做。石奋一家因孝顺谨慎闻名于当时的各郡县和各诸侯国，即使齐鲁二地品行朴实的儒生们，也都认为自己不如他们。

建元二年（公元前141年），郎中令王臧因为推崇儒学获罪。皇太后认为，儒生言语大多文饰浮夸而不够朴实，现在石奋一家不善夸夸其谈而能身体力行，就让石奋的大儿子石建做了郎中令，小儿子石庆做了内史。

石建年老发白，而石奋的身体还能健康无病。石建做了郎中令后，每五天休假一天。每次回家拜见父亲时，他都是先进入侍者的小屋，私下向侍者询问父亲的情况，并拿走父亲的内衣去门外水沟亲自洗涤，再交给侍者，不敢让父亲知道，而且经常如此。

石建做郎中令时，有事要向皇帝谏说时，能避开他人时就畅所欲言，说得峻急；及至朝廷谒见时，他就装出不善说话的样子。因此，皇帝对他也表示出尊敬和礼遇。

石奋一家迁居到陵里时，担任内史的儿子石庆酒醉归来，进入里门时没有下车，石奋听到这件事后就不肯吃饭。石庆很恐惧，就袒露上身请求父亲恕罪，石奋仍不允许。后来，全族的人和哥哥石建也都袒露上身请求恕罪，石奋才责备说："内史是尊贵的人，进入里门时，里中的父老都急忙回避他，而内史坐在车中依然故我，不知约束自己，本是不应该的嘛！"说完，就喝令石庆走开。从此以后，石庆和石家的弟兄们在进入里门时，都要下车快步走着回家。

武帝元朔五年（公元前124年），石奋去世。大儿子郎中令石建因悲哀思念而痛哭，以至手扶拐杖才能走路。过了一年多，石建也死了。

石奋的子孙们都孝顺石奋，然而石建最为突出，甚至超过父亲石奋。

石奋一家凭着孝敬、严谨而闻名于各郡各国，虽然齐、鲁那些地方的儒生品行虔诚庄重，但还是都自认为比不上石奋。

太史公说："孔子有句话说'君子要说话谨慎，勤勉做事'，说的大概是石奋吧？所以他教化虽不严肃但很有成就，虽不严厉但治理有成。这可以说是行为忠厚的君子了。"

◎故事感悟

人活一世必然有自己生命的闪光点。石奋没有文采学问，但是照样能够闻名于四方，受到他人的敬仰，这完全归功于他恭谨的作风。礼多人不怪，恭敬谨慎做人，在保证不出错的同时，也能为自己赢得美誉，何乐而不为呢！

◎史海撷英

石姓的发展

石姓发源于卫国。周武王的少弟康叔在得到国家之后，最初将首都定在朝歌，也就是现在的河南省淇县东北，这里也成为石姓最早的活动地。石姓是卫康叔的后代，即康叔六世孙靖伯的孙子石碏。石碏本名叫公孙碏，字石，后来人们就称他为石碏。

后来，到卫文公统治时期，又迁都楚丘（今河南省滑县东）。卫成公时，又迁到帝丘（今河南濮阳），已经渡过了黄河，进入今河南濮阳西南一带。可见，先秦时期石姓的活动范围在今河北南部、河南北部一带。

秦汉时期，石姓的分布进一步扩大，在今河南温县、河北邯郸、山西阳高、陕西西安、山东章丘、河北柏乡等地，都有石姓居住。这一时期，石姓中有不少人都具有非常高的政治地位，其家族也绵延数百年之久。其中，影响最大的就是西汉时被封为万石君的石奋家族。

石奋家族属卫国石氏一脉，《史记·万石君传》中称，石奋的父亲为赵人，说明石奋先祖最迟在战国已迁往赵国。赵亡后，石奋的父亲移居温（今河南温县西南，汉初属河内郡），人们便称这支石氏为河内温县石氏。

◎文苑拾萃

石庆上书让贤的奏章

庆幸得待罪丞相，罢驽无以辅治，城郭仓库空虚，民多流亡，罪当伏斧质，上不忍致法。愿归丞相侯印，乞骸骨归，避贤者路。

丞相公孙弘

◎谨言终少祸，节俭胜求人。——龚明之

公孙弘（公元前200—前121年），字季，一字次卿，西汉淄川国（郡治在寿光南纪台乡）薛人。少时，公孙弘家贫寒，曾以为富人在海边放猪维持生活。年轻时，公孙弘曾任过薛县的狱吏，因无学识，常发生过失，故犯罪免职。为此，他立志在麓台（望留镇麓台村）读书，苦读到40岁，又随老师胡母子始修《春秋公羊传》（也称《公羊春秋》，儒家经典著作之一）。建元元年（公元前140年），汉武帝即位，便下诏访求为人贤良通文学之人。当时，公孙弘年已60岁，去应征，被任命为博士。公孙弘曾著有《公孙弘》10篇、《汉书艺文志》著录（已失）。

公孙弘是西汉时期齐地淄川国薛县的人。他年轻时曾做过薛县的监狱官员，后来因犯了罪而被免官。

公孙弘的家里很穷，只好靠到海边放猪赚些钱财，维持一家人的生活。直到40多岁时，他才开始学习《春秋》及各家解释《春秋》的著作。

汉武帝建元元年（公元前140年），汉武帝刚刚即位，就开始招选贤良文学之士。这时，公孙弘已经60岁了，仍以贤良的身份被征召入京，当了博士。他奉命出使匈奴，回来后向武帝报告情况，结果不合皇上的心意，皇上发怒，认为公孙弘无能，公孙弘就借自己有病为名，辞官回家了。

武帝元光五年（公元前130年），皇帝下诏书，征召文学，淄川国推荐了公孙弘。这时，公孙弘向国人推让拒绝说："我已经西去京城接受皇帝的任命，因为无能而被罢官归来，希望改变推举的人选。"

可是，国人却坚决推举公孙弘，公孙弘便到了太常那里。太常就让所征召的100多个儒士分别对策，公孙弘的对策文章按等次被排到了最后。可是，当全部对策文章被送到皇帝那里后，武帝却把公孙弘的对策文章提拔为第一。就这样，公孙弘又被召去觐见皇帝。武帝见他丰仪魁伟，就又封他为博士。

这时，汉朝开通了西南夷的道路，在那里设置郡县，巴蜀人民对此都感到十分困苦，武帝就命公孙弘前去视察。公孙弘视察归来后，向皇帝报告，极力称西南夷没有用处，皇上没有采纳他的意见。

公孙弘见闻广博，经常说人主的毛病在于心胸不宽大，人臣的毛病在于不谨慎、不节俭。他每次在上朝同大家议事时，总是先陈述种种事情，然后让皇上自己去决定，不当面驳斥皇上。皇上观察他，发现公孙弘品行忠厚，善于言谈但出言谨慎，熟悉文书法令和官场事务，而且还能用儒学观点加以文饰，因此，皇上渐渐开始喜欢他。在两年之内，公孙弘便官至左内史。

公孙弘向皇帝奏明事情，有时不被采纳，也不在朝廷加以辩白。他曾经和主爵尉汲黯请求皇上分别召见，汲黯先向皇上提出问题，公孙弘则随后把问题阐述得清清楚楚，皇上常常很高兴。他所说的事情都被采纳，从此，公孙弘一天比一天受到皇帝的亲近，地位也显贵起来。

公孙弘曾与公卿们事先约定好要向皇帝谈论的问题，但到了皇上面前，他就忘了约定，而顺从皇上的意旨。汲黯在朝廷上责备公孙弘说："齐地之人多半都欺诈而无真情，他开始时同我们一起提出这个建议，现在全都违背了，不忠诚。"

皇上问公孙弘，公孙弘谢罪说："了解我的人认为我忠诚，不了解我的人认为我不忠诚。"

皇上赞同公孙弘的说法，因此，每次皇上身边的宠臣诋毁公孙弘，皇上都不理睬，而是越发厚待公孙弘。

汲黯对皇上说："公孙弘处于三公的地位，俸禄很多，但却盖布被，这是欺诈。"

皇上就问公孙弘，公孙弘谢罪说："有这样的事。九卿中与我好的人没有超过汲黯的了，但他今天在朝廷上诘难我，确实说中了我的毛病。我有三公

的高贵地位却盖布被，确实是巧行欺诈，妄图钓取美名。况且我听说管仲当齐国的相，有三处住宅，其奢侈可与齐王相比。齐桓公依靠管仲称霸，也是对上位的国君的越礼行为。晏婴为齐景公的相，吃饭时不吃两样以上的肉菜，他的妾不穿丝织衣服，齐国治理得很好，这是晏婴向下面的百姓看齐。如今我当了御史大夫，却盖布被，这是从九卿以下直到小官吏没有了贵贱的差别，真像汲黯所说的那样。况且没有汲黯的忠诚，陛下怎能听到这些话呢？"

皇上认为公孙弘谦让恭谨而谨身节用，便越发厚待他，终于让公孙弘做了丞相，封为平津侯。

◎故事感悟

作为一个看清形势的人，公孙弘深刻地懂得人臣的毛病在于不谨慎、不节俭，所以他不贸然接受推举，不贸然进言，不轻易与人辩驳于堂上。知道皇上有意习难，赶紧巧妙回避。身处高位，却能谨身节用，以防后患，这样的行为作风既有利于江山百姓，又能助他登上高位，实在不能不佩服他的高明啊！

◎史海撷英

公孙弘的糙米饭

公孙弘当上丞相、位高权重之后，仍然很节俭，穿麻袍，吃糙米。

有一次，一位许久不见的老友来投靠他，希望能有更好的生活。但是，公孙弘并没有搞特殊，给他的待遇仍然是穿麻袍，吃糙米。

老友对此十分不满，怨恨说："布被糙米，我家中有，何必来投靠你！"

后来，他的老友便去告密，检举丞相内着貂裘，外套麻袍，厨烹五鼎，厅设两菜，如此为民表率。朝廷也疑心公孙弘矫伪。公孙弘叹气说："宁遭暴客抢，不愿遇老友！"

但是后来，皇上还是信任了公孙弘。

◎文苑拾萃

《握奇经》

《握奇经》是我国古代的一部论述八阵的兵书，又名为《握机经》、《幄机经》，共一卷，380余字（一本360余字），有多种丛书本传世。

相传，《握奇经》的经文为黄帝臣风后撰，西周初姜尚为之引申，汉武帝时丞相公孙弘作解。另附有《握奇经续图》一卷，旧题晋武帝时西平太守马隆撰《八阵总述》一卷。《唐太宗李卫公问对》中曾载有"黄帝兵法，世传握奇文"的评语。

事实上，《握奇经》成书较晚，《宋史·艺文志》始见著录。南宋朱熹认为，该书是"唐李筌为之"（《朱子语类》）；《四库全书总目提要》则认为，《握奇经》是唐代以来好事者根据唐独孤及的《八阵图记》推衍而成的。

该书指出："八阵，四为正，四为奇，余奇为握奇。布阵用兵，要根据天文气候向背、山川利害和兵力多寡等情况，灵活运用。"由于该书文字简略，后人对经文解释不尽一致。

卫青因恭谨而受封

◎然某亦区区不敢废职，而亦不敢以谨职为
能。——周行己

卫青（？—前106年），字仲卿，汉族，河东平阳（今山西临汾市）人。西汉时期能征善战的将领，为汉朝北部疆域的开拓作出过重大贡献，也是中国历史上为人熟知的常胜将军。卫青率军与匈奴作战，屡立战功，但从不结党干预政事。他对士卒体恤较多，威信很高。

卫青一生当中，曾先后七次率兵出击匈奴，而且用兵敢于深入，奇正兼擅。他为将号令严明，与将士同甘共苦，作战也常常奋勇争先，因此，将士们都愿意为他效力。

在一次战斗获胜后，卫青面见汉武帝。汉武帝说："大将军青躬率戎士，师大捷，获匈奴王十有余人，益封青6000户。"

同时，汉武帝又封卫青之子卫伉为宜春侯，卫不疑为阴安侯，卫登为发干侯。

然而，卫青却坚决推辞，说："臣幸得待罪行闲，赖陛下神灵，军大捷，皆诸校尉力战之功也。三个儿子尚年幼，分寸未立，何敢受封！"

汉武帝笑道："青可放心，诸校尉皆有赏。"

在苏建有罪时，卫青宽仁善良，谨言谨行，同时又做到了奉法守职。

卫青曾在天子面前说："我卫青有幸以皇亲身份受到宠信，在军中任职不怕没有威严。周霸劝我建立威严，这样就大失人臣应有的本分。即使我有权斩杀将领，也不应以我地位的尊贵和所受的宠信擅自诛杀将领于境外，还是送到天子面前，让天子亲自裁夺吧！由此可以看出做人臣的不敢专权恣纵，不是也很好吗？"

于是，卫青就把苏建用囚车送回长安由武帝处理。武帝赦免了苏建的死罪，令其交纳了赎金后，将其贬为平民。

正是因为卫青在讨伐匈奴获胜后，受天子勋赏时，以宽和柔顺取悦皇上，谦虚谨慎，不忘众将，为人谦让仁和，敬重贤才，从不以势压人，奉法守职，因而获得将士们的拥护，成为一代英才将领。

◎故事感悟

假若卫青在受勋赏时大吹自己，把功劳都揽向一身，他就不可能有众将领拥护，也不会有显赫的功勋了。如果他一气之下当即杀了苏建，没有上奏皇上，那么便谈不上奉法守职、赢得军心了。因为他没有这么做，而是一切从"谨"，这种谨言谨行的作风也让他名留青史。

◎史海撷英

卫青收复河朔

元朔二年（公元前127年），匈奴集结大量兵力进攻汉朝的上谷、渔阳等地。汉武帝派卫青率大军进攻久为匈奴盘踞的河南地区（黄河河套地区）。这也是西汉对匈奴的第一次大规模战役。

卫青率领四万大军从云中出发，采用"迂回侧击"的战术，西绕到匈奴军的后方，然后迅速攻占了高阙（今内蒙古杭锦后旗），切断了驻守河南地的匈奴白羊王、楼烦王同单于王庭的联系。

随后，卫青又率精骑飞兵南下，进到陇县西，形成了对白羊王、楼烦王的包围。匈奴的白羊王、楼烦王见势不好，仓惶率兵逃走。汉军活捉了敌兵数千人，夺取牲畜100多万头，完全控制了河套地区。

由于这一带水草肥美，形势险要，汉武帝便在此修筑了朔方城（今内蒙古杭

锦旗西北），并设置了朔方郡、五原郡，从内地迁徙10万人到这里定居，还修复了秦时蒙恬所筑的边塞和沿河的防御工事。这样，不仅彻底解除了匈奴骑兵对长安的直接威胁，还建立起了进一步反击匈奴的前方基地。

因为此仗汉军"全甲兵而还"，卫青立了大功，故还朝后被封为长平侯，食邑3800户。

◎文苑拾萃

将军行

（西汉）卫　青

将军有姊倾国色，宠冠后宫阿娇愁。

将军不是鸢肩辈，耻向椒房取通侯。

匈奴牧马蹂汉地，愿分虎符质其酋。

电扫河南逐陇西，郡县朔方未一秋。

天子不惜长平邑，计馘献俘非干求。

再出高阙将万骑，右贤愦愦兵家谋。

将军夜中斫云垒，掩耳雷霆戮戈矛。

名王遁匿残兵百，暂得颈上寄颅头。

即于军幕大其号，赐诏优渥天子酬。

校尉勋劳未曾答，封及襁褓将军羞。

将军不败讵天幸，肯向国家遗寇仇？

废书慷慨起长叹，默对青史祝其庥。

恭谨处世人常在

◎行莫于谨敬。——路贾

　　羊祜（221—278年），字叔子，青州泰山人（今山东新泰羊流），西晋著名的战略家、军事家和政治家。羊祜出身于汉魏名门士族之家，从他起上溯九世，羊氏各代皆有人出仕2000石以上的官职，并且都以清廉有德著称。羊祜祖父羊续汉末曾任南阳太守，父亲羊衜为曹魏时期的上党太守，母亲蔡氏是汉代名儒、左中郎将蔡邕的女儿，姐姐嫁予司马懿之子司马师为妻。

　　西晋时期的羊祜出身于官宦世家，是东汉蔡邕的外孙，晋景帝司马师的献皇后的同母弟弟。他为人谨慎谦恭，一点也没有官宦人家所具有的奢侈骄横的恶习。

　　羊祜在年轻的时候，曾被荐举为上计吏，州官四次征辟他为从事、秀才，五府也请他做官，但他都一一谢绝了。为此，有人将他比成孔子最喜欢的学生——谦恭好学的颜回。

　　曹爽专权时，曾任用羊祜和王沈。王沈高兴地劝羊祜一起应命就职，羊祜却淡淡地回答说："委身侍奉别人，谈何容易！"

　　后来曹爽被诛，王沈因为是他的属官而被免职。这时，王沈才对羊祜说："我应该常常记住你以前说的话。"

　　羊祜听了，也不夸耀自己有先见之明，而是谦虚地说："这不是我预先能想到的。"

　　晋武帝司马炎称帝后，由于羊祜有辅助之功，便任命羊祜为中军将军，加官散骑常侍，封为郡公，食邑3000户。但羊祜还是坚持辞让，于是由原爵

晋升为侯，其间设置郎中令，备设九官之职。他对王佑、贾充、裴秀等前朝有名望的大臣也总是十分谦让，从来都不敢属其上。

后来，由于羊祜都督荆州诸军事等功劳，加官到车骑将军，地位与三公相同，但他却上表坚决推辞，说："我入仕才十几年，就占据显要的位置，因此日日夜夜为自己的高位战战兢兢，把荣华当做忧患。我身为外戚，事事都碰到好运，应该警戒受到过分的宠爱。但陛下屡屡降下诏书，给我太多的荣耀，使我怎么能承受？怎么能心安？现在有不少才德之士，如光禄大夫李熹高风亮节，鲁艺洁身寡欲，李胤清廉朴素，都没有获得高位；而我无能无德，地位却超过他们，这怎么能平息天下人的怨愤呢？因此乞望皇上收回成命！"

但皇帝最终没有同意羊祜的请求。

晋武帝咸宁三年，羊祜又被封为南城侯，羊祜坚辞不受。每次晋升时，羊祜都会辞让，而且态度恳切，因此名声远播。就连朝野人士对羊祜的品德都推崇备至，以至认为他应高居宰相的位置。晋武帝当时正想兼并东吴，要倚仗羊祜承担平定江南的大任，所以此事被搁置下来。

羊祜历职两朝，掌握着机要大权，但他本人对于权势却从不钻营，他筹划的良计妙策和议论过的稿子，过后也都要焚毁，所以世人都不知道其中的内容。羊祜推荐的人得到晋升，他也从不张扬，被推荐者也不知道是羊祜荐举的。

有人认为羊祜这样处世过于缜密了，羊祜却说："这是什么话啊！古人的训诫：入朝与君王促膝谈心，出朝则佯称不知，这我还恐怕做不到呢！不能举贤任能，有愧于知人之难啊！况且在朝廷签署任命，官员到私门拜谢，这是我所不取的。"

羊祜平时的生活也十分清廉俭朴，衣被都是用素布做的，得到的俸禄也全拿出来来周济自己的族人，或者赏赐给军士，以至家无余财。

临终时羊祜留下遗言，不让把南城侯印放进棺枢。他的外甥齐王司马攸上表陈述了羊祜妻不愿按侯爵级别殓葬羊祜的想法时，晋武帝便下诏说："羊祜一向谦让谨慎，志不可夺。身虽死，谦让谨慎的美德却仍然存在，遗操更加感人。这就是古代的伯夷、叔齐之所以被称为贤人，季子之所以保全名节的原因啊！现在我允许恢复原来的封爵，用以表彰他的高尚美德。"

羊祜是成功的，上至一国之主，下至黎民百姓，都对他表示敬佩。羊祜的参佐们也赞扬他德高而卑谦，位尊而恭谨。

◎故事感悟

谦卑和谨慎是一种智慧，是为人处世的黄金法则。懂得谦卑和谨慎的人，必将得到人们的尊重，受到世人的敬仰。羊祜不管处在何种位置，都能小心行事，恭敬谦卑。也正是如此，他才成就了属于自己的事业。

◎史海撷英

陆抗、羊祜英雄相惜

三国末年，东吴的督护陆抗与西晋的平南将军羊祜各自领重兵在荆州地区南北对峙。当时，陆抗坐镇乐乡（今湖北省荆州市西南），羊祜屯兵襄阳（今湖北省襄樊市襄阳区），两军相隔仅百余里。从军事角度上来说，这点距离可以称得上是"近在咫尺"。然而，两军的关系却不是"剑拔弩张"。相反，在大多数时间里，两军之间都是相安无事，边境上甚至呈现出一派和平友好的氛围。

陆抗和羊祜的英雄相惜，使两军的将士减少了许多无谓的死伤；南北两位儒帅的"取信于民"，也为两国百姓减轻了不少战乱之苦。

◎文苑拾萃

与诸子登岘山

（唐）孟浩然

人事有代谢，往来成古今。

江山留胜迹，我辈复登临。

水落鱼梁浅，天寒梦泽深。

羊公碑尚在，读罢泪沾襟。

唐太宗教臣子

◎圣人择可言而后言，择可行而后行。——《管
子·形势解》

李世民（559—649年），唐朝第二位皇帝，史称唐太宗。李世民是陇西成纪人，祖籍赵郡隆庆，是政治家、军事家、书法家、诗人。李世民即位为帝后，积极听取群臣的意见，努力学习文治天下，有个成语叫"兼听则明偏信则暗"，就是从魏征劝太宗的话演变而来的。唐太宗开创了历史上的"贞观之治"，将中国传统农业社会推向鼎盛时期。

唐太宗李世民即位后，曾经常告诫群臣，要想成就大事，除了要虚怀若谷外，还要对自己的言行举止十分谨慎。古语讲"论言如汗"，所谓的"论言"，就是指一个人所说的话；所谓"汗"，就是指说出的话绝无挽回的余地，就好像身体流出的汗一样，一旦流出来了，就不可能再回到体内。正因为如此，一个人才必须要谨言慎行。

有一次，在朝会之后，唐太宗与众大臣聊天。唐太宗对众臣说："有人说，当了皇帝就可以得到最崇高的地位，没有任何畏惧。事实上，我却是常常怀着畏惧之心来听取他人的批评和建议，一向以谦虚的态度处理政事。倘若因为自己是一国之君就不肯恭谨而以自大的态度来对待臣下，那么一旦行事偏离正道时，恐怕就再没有人能够指正我的过失了。"

"当我想说一句话、做一件事的时候，总要自问有没有违反臣民的意向。为什么呢？因为天子是那样高高在上，对底下的事一目了然，而臣民们对君王的一举一动也十分注意，所以我不仅要以谦虚的态度待人，更要时时反省自己的一言一行是否顺应天意与民心。"

"古人说过'靡不有初，鲜克有终'，有好的开始并不一定能有好的结束。但愿你们能常怀畏惧之心，畏惧上天及人民，且谦虚待人，严格地自我反省。如此一来，吾国必能长保社稷，而无倾覆之虞了。"

紧接着，太宗又说："与人交谈其实是一件十分困难的事。即使对方是一般的百姓，在与人交谈时如果稍微得罪对方，对方因而牢记在心，也会遭到报复的，更何况是万乘国君呢。所以，在和臣下交谈时，绝不容许有一点的失言。即使是轻微的滑舌，也有可能导致极重大的影响，这种影响是庶民的失言所万万及不上的，我心中一直牢记着这一点。"

见各位大臣都低头沉思，太宗继续说："昔日，隋炀帝第一次进入甘泉宫时，对宫中的庭园十分中意，但是认为有一美中不足之处，就是无法在花园里看到萤火虫。于是，隋炀帝下令捉一些萤火虫来代替灯火。负责的官吏赶紧动员数千人去捕捉萤火虫，最后捕捉了500车的萤火虫。连这样的一件小事都能演变到这种田地，又何况是天下大事，更不知道要受到多大的影响呢！所以，对于领导者来说，更不能有戏言，因为他的每一句话都会对部下产生巨大的影响，甚至会影响一件事情的结局。态度谦虚，言行谨慎，不但是身为领导者修养的重要方面，也是个人修养的一方面啊！"

大臣们听完太宗的这一席话，都纷纷点头称是。

◎故事感悟

李世民在位23年，作为一代明君，他在位期间唐朝经济发展，社会安定，政治清明，人民富裕安康，出现了空前的繁荣，史称"贞观之治"。这样的一个皇帝谨言慎行，说明他的才智修为实在是高啊！

◎史海撷英

唐太宗胸怀大局

唐太宗即位后，胸怀大局，采取四海一统的民族和外交政策，因此太宗朝的民族和外交政策也取得了辉煌的胜利，四海之内只要有知道中国的，均努力内附，以唐为荣，乐不思蜀。这些人不但同唐人一样，可以自由自在地生存，还可以做官，著名的少数民族将领阿史那思摩、执思失力、契苾何力、黑齿常之，乃至后世的高仙芝、李光弼等人，都为唐朝的建设和发展作出了杰出贡献。在他们的身上，也反映出了李世民采取了正确的民族政策。现在的唐人、唐人街等，也正是那时繁荣富强、威甲四海、文礼之邦的生动写照。

◎文苑拾萃

《旧唐书》对唐太宗的评价

史臣曰：臣观文皇帝发迹多奇，聪明神武。拔人物则不私于党，负志业则咸尽其才。所以屈突、尉迟，由仇故而愿倾心赞；马周、刘洎，自疏远而卒委钧衡。终平泰阶，谅由斯道。尝试论之：础润云兴，虫鸣螽跃。虽尧、舜之圣，不能用梼杌、穷奇而治平；伊、吕之贤，不能为夏桀、殷辛而昌盛。君臣之际，遭遇斯难，以至抉目剖心，虫流筋擢，良由遭值之异也。以房、魏之智，不逾于丘、轲，遂能尊主庇民者，遭时也。况周发、周成之世袭，我有遗妍；较汉文、汉武之恢弘，波多惭德。迹其听断不惑，从善如流，千载可称，一人而已！

朱元璋倡节俭谨嗜好

◎生则谨养，谨养之道，养心为贵——《吕氏春秋·尊师》

　　朱元璋（1328—1398年），明王朝的开国皇帝，原名重八，后取名兴宗，汉族，濠州（今安徽凤阳县东）钟离太平乡人，25岁时参加郭子兴领导的红巾军反抗蒙元暴政。龙凤七年（1361年），朱元璋受封为吴国公，自称吴王。元至正二十八年（1368年），在基本击破各路农民起义军和扫平元的残余势力后，于南京称帝，国号大明，年号洪武，建立了全国统一的封建政权。朱元璋统治时期被称为"洪武之治"，死后葬于明孝陵。

　　朱元璋平日非常喜欢诵读唐人李山甫的《上元怀古诗》，"有暇则吟哦不绝，且大书置屏间"。

　　李山甫这首诗的原文是：

> 南朝太子爱风流，尽守江山不到头。
>
> 总为战争收拾得，却因歌舞破除休。
>
> 尧将道德终无敌，秦把金汤可自由？
>
> 试问繁华何处在，雨花烟草石城秋。

　　与一些只将诗词书画当做装饰的帝王不同，朱元璋之所以欣赏这首诗，是欣赏诗人那敏锐的历史眼光，李山甫是从建都南京的六朝兴亡史事中总结出的骄奢致败的历史教训。朱元璋也是建都南京，面对前面如烟云过眼般的

几朝帝王，他不得不思考怎样才能避免重蹈六朝覆辙的问题，因此，他便将《上元怀古诗》写在屏风上，当成自己的座右铭，这自然也是情理之中的事。

当然，仅仅吟诵古诗无济于事，还要有具体的措施，朱元璋重点抓了两个问题。

一是"倡节俭"。他"常念昔居淮右，频年饥馑，艰于衣食，鲜能如意。今富有四海，何求不遂，何欲不得？然检制其心，唯恐骄盈不可复制"。就是说，朱元璋经常用忆苦思甜的办法，告诫自己警惕奢靡，厉行节俭。

二是"谨嗜好"。朱元璋经常告诫大臣们，"谨嗜好，不为物诱，则如明镜止水，可以鉴照万物。一为物诱，则如镜受垢，水之有滓，昏翳泊浊，岂能照物？"几百年前的一位古人能以史为镜谈出这么深刻的道理来，真是不容易。看上去他把属于个人私事的嗜好问题上升到如此高度，似乎有点小题大做，其实不然。嗜好与物欲确实常常联系在一起，受物欲诱惑，嗜好往往发展到好坏不分，危害极大。

由于朱元璋这两点抓得紧，官员们"平日无优伶近狎之狎，无酣歌夜饮之娱"，社会风气俭朴，百姓负担不重，经济的恢复和发展也较快。

◎故事感悟

身为一代帝王，特别是从底层坐上皇位的帝王，更能体会到节俭和克制欲望的重要性。朱元璋从乞丐到帝王，这种身份的巨大转变，不能不说是一个奇迹。而他的这种谨身节用、克制欲望的行为，更为他的成功奠定了坚固的基石。

◎史海撷英

朱元璋打击贪官

朱元璋出身贫寒，从小就饱受元朝贪官污吏的敲诈勒索，自己也被迫出家当了和尚。所以，在他参加起义队伍后就发誓：一旦自己当上皇帝，先杀尽天下贪官。

朱元璋登基后，果然在全国掀起了轰轰烈烈的"反贪官"运动，矛头直指中央到地方的各级贪官污吏。

第一，朱元璋对贪污60两银子以上的官员格杀勿论，并称：从地方县、府到中央六部和中书省，只要有贪污行为，不管涉及谁，都决不心慈手软，一查到底。

第二，朱元璋敢从自己身边的"高干"开刀。明朝初期，中书省下属吏、户、礼、兵、刑、工六部，由于大量留用元朝的旧官吏和一些造反起家的功臣，他们有恃无恐贪赃枉法。朱元璋大胆地对这些官员进行了惩处。

第三，朱元璋发明了"剥皮实草"的残酷刑法，以此来处置贪官。把那些贪官拉到每个府、州、县都设有的"皮场庙"剥皮，然后在皮囊内填充稻草和石灰，将其放在处死贪官后任的公堂桌座旁边，以警示继任之官员不要再重蹈覆辙。

第四，朱元璋对自己培养的干部也决不姑息迁就。为培养和提拔新力量，朱元璋专门成立了培养人才的国子监，为未入仕的年轻读书人提供升迁机会。他对这些新科进士和监生厚爱有加，还经常教育他们要尽忠至公，不要为私利所动。

第五，朱元璋制定了整肃贪污的纲领——《大诰》，纲领中阐述了他对贪官的态度、办案方法和处置手段等内容。朱元璋下令在全国广泛宣传这项纲领，还叫人从中节选抄录贴在路边，让官员们读后自律，让百姓们学后来对付贪官。

◎文苑拾萃

千家诗

（明）朱元璋

大将南征胆气豪，腰横秋水雁翎刀。

风吹鼍鼓山河动，电闪旌旗日月高。

天上麒麟原有种，穴中蝼蚁岂能逃。

太平待诏归来日，朕与先生解战袍。

蔡元培谨言现涵养

◎慎言语，养德之大；节饮食，养生之大。——曾国藩

蔡元培（1868—1940年），字鹤卿，又字仲申、民友、孑民，乳名阿培，并曾化名蔡振、周子余。汉族人。浙江绍兴山阴县（今绍兴县）人，原籍浙江诸暨。蔡元培是我国革命家、教育家、政治家。1916年至1927年，蔡元培任北京大学校长，一路经历风雨，他始终信守爱国和民主的政治理念，致力于废除封建主义的教育制度，奠定了我国新式教育制度的基础，为我国教育、文化、科学事业的发展作出了富有开创性的贡献。蔡元培的教育论著有《蔡元培教育文选》、《蔡元培教育论著选》等。

蔡元培先生是20世纪中国作家和文化先驱之一，曾被毛泽东同志誉为"学界泰斗，人世楷模"。蔡元培是我国著名的教育家，他提出了"学为学理，术为应用"，"学为基本，术为枝叶"的观点。蔡元培先生指出："教育者，养成人格之事业也。"教人应先自省。所以即使他学识渊博，还是不以为傲，谨言而行。

有一次，英国伦敦举行中国名画展，组委会派人去南京和上海监督选取博物院的名画，蔡先生与林语堂两人都参与了这件事。

博物院的名画很多，各个流派的画都尽在其中。同行的法国汉学家伯希和自认是个中国通，便在巡行观览时滔滔不绝，不能自已。为了表示自己内行，伯希和还对蔡元培说："这张宋画绢色不错"，"那张徽宗鹅无疑是真品"，以及墨色、印章如何等等，一路上喜形于色。

随行的林语堂注意观察了蔡元培的表情，他也不表示赞同和反对，只是客气地低声说："是的，是的。"一脸平淡冷静的样子。

后来，伯希和若有所悟，便闭口不言，面有惧色，大概是从蔡元培的表情和举止上看出了点什么，担心自己说错什么，出了丑自己还不知道呢！而此时的蔡元培先生谨默依旧，一脸的温和平静。

林语堂后来在谈到蔡元培先生时，还就伯希和一事感叹说："这就是中国人的涵养，反映外国人卖弄的一幅绝妙图画。"

◎故事感悟

真正的智者都是言必有物，言到即止。蔡元培先生不贪于表现自己，也不去批驳他人，而是尽量谨言，真不愧为"学术界的泰斗"。他为人处事的睿智和涵养，令人钦佩。

◎史海撷英

蔡元培故居

蔡元培故居位于浙江省绍兴市越城区萧山街笔飞弄13号。该建筑始建于明代晚期，为蔡氏祖父以下几代人的聚居地。蔡元培在这里出生，并在这度过了自己的童年和青少年时代。

蔡元培的故居占地面积共1856平方米，主体建筑坐北朝南，砖木结构，每进三或五开间，中间有天井相隔。第一进为门厅，第二进为正房，第三进为坐楼，都是在清朝中期重建的，其东次间楼上原为蔡元培的住处。

蔡元培故居是一座保存完整的绍兴传统民居，附近还建有笔架桥、题扇桥、戒珠寺、蕺山等。

◎ 文苑拾萃

洪水与猛兽

蔡元培

2200年前，中国有个哲学家孟轲，他说国家的历史常是"一乱一治"的。他说第一次大乱是4200年前的洪水，第二次大乱是3000年前的猛兽，后来说到他那时候的大乱，是杨朱、墨翟的学说。他又把自己的距杨、墨与禹的抑洪水，周公的驱猛兽相比较。所以崇奉他的人，就说杨、墨之害，甚于洪水猛兽。后来一个学者，要是攻击别种学说，总是袭用"甚于洪水猛兽"这句话。譬如唐、宋儒家，攻击佛、老，用他；清朝程朱派，攻击陆王派，也用他；现在旧派攻击新派，也用他。

我以为用洪水来比新思潮，很有几分相像。他的来势很勇猛，把旧日的习惯冲破了，总有一部分的人感受苦痛；仿佛水源太旺，旧有的河槽，不能容受他，就泛滥岸上，把田庐都扫荡了。对付洪水，要是如鲧的用湮法，便愈湮愈决，不可收拾。所以禹改用导法，这些水归了江河，不但无害，反有灌溉之利了。对付新思潮，也要舍湮法用导法，让他自由发展，定是有利无害的。孟氏称"禹之治水，行其所无事"，这正是旧派对付新派的好方法。

至于猛兽，恰好作军阀的写照。孟氏引公明仪的话："庖有肥肉，厩有肥马，民有饥色，野有饿莩，此率兽而食人也。"

现在军阀的要人，都有几百万几千万的家产，奢侈得了不得，别种好好作工的人，穷的饿死，这不是率兽食人的样子么？现在天津、北京的军人，受了要人的指使，乱打爱国的青年，岂不明明是猛兽的派头么？

所以中国现在的状况，可算是洪水与猛兽竞争。要是有人能把猛兽驯服了，来帮同疏导洪水，那中国就立刻太平了。

谨细是财富

◎大凡做一件事，就要当一件事。若是苟且疏忽，定不成一件事。——吕坤

> 任小萍（1949--），四川人。1975年，任小萍毕业于北外英语系，被分配到外交人员服务局工作，曾在英国驻华使馆、美国驻华联络处、英国《每日电讯》报记者处担任翻译。1978年，任小萍被派往英国留学，曾在伦敦经济学院攻读国际关系，在里兹大学和伦敦大学攻读语言学硕士和博士学位。任小萍于1982年回国，在外交学院先后任讲师、副教授、教授，并担任外交学院副院长，兼任北京译协副会长，中国翻译资格考试专家委员会副主任。

　　任小萍是一个普通得再也不能够普通的女孩。1968年，任小萍成为北京外语学院的一名工农兵学员。当时她年纪最大，水平最差，第一堂课就因为回答不出问题而站了一堂课。第二天，教室里挂出一条横幅："不让一个阶级兄弟掉队"，她就是这个"阶级兄弟"。但等到毕业的时候，她已成为全年级最好的学生之一，并被分配到了中国驻英国大使馆做接线员。

　　做一个小小的接线员，是很多人觉得没有出息的工作，所以许多人都是毫无动力地每天重复着拿起电话、接听信息、挂电话的动作，可是任小萍却不那么认为，她觉得这也是一件有意义的工作，因此她投入了全部的热情，努力去探索工作中的每一个细节，力求把每一项工作做到尽善尽美。事实上的确是这样，她真的把这个看似简单、普通的工作作出了成绩。

　　在任小萍工作的时候，她把使馆所有人的名字、电话、工作范围甚至连他们的家属名字都背得滚瓜烂熟。有些电话打进来，办事情不知道应该找谁，

她就会向周围多问问、多打听，尽量帮助人家准确地找到。就这样，她多次帮助使馆的人解决了一些紧急的问题。

慢慢地，使馆人员有事外出，不是告诉他们的翻译了，而是给她打电话，告诉她可能有谁会打来电话，需要转告什么事情，等等，有很多公事、私事也委托她通知。得到那么多人的信任和肯定，任小萍很快就成为了使馆全面负责的"大秘书"。

有一天，大使竟也跑到电话间，笑眯眯地表扬了任小萍。结果没多久，任小萍就因为工作出色而破格被调到英国某大报记者处担任翻译了。

该报的首席记者是个名气很大的老太太，得过战地奖章，授过勋爵，本事大，脾气也大，把前任翻译给赶跑了。刚开始时，她也不要任小萍，因为看不上她的资历，后来才勉强同意一试。

一年以后，老太太经常对别人说："她翻译的比别人好上十倍。"

不久，工作出色的任小萍就被破例调到美国驻华联络处。在这里，她干得同样优秀，并获得了外交部嘉奖。

在之后的几年里，她照样发扬着她专业而细心的精神，不放过每一个可能的细节，事必躬亲，结果职位一直上升。但不管在什么位置上，她都能在自己的岗位上做得很出色。

◎故事感悟

老子有一句话，说的是做事情不要看不上那些简单的小事情，不要忽略那些被人家认为很容易忽略的细节和细致的地方。一个人能够把简单的事情天天做到位，这就是不简单；大家都认为很容易的事情，你非常认真严谨地做好，这就是不容易。任小萍就是这样的一个人。

◎史海撷英

任小萍苦学英语

因为英语基础差，任小萍下定决心，一定要成为最好的学生。她知道学外语没有捷径，所以非常用功。每天晚上打着手电筒学到12点、1点，早晨5点起床，不管多冷，对着一棵树就大声地念，大声地背，把头一天学的东西翻来覆去地弄好几遍，直到完全掌握，才去吃早餐。

英语的五项主要技能，听、读、说、写、译，每一项都得下工夫。比如听，每天晚上7点，学校的大喇叭会播送一个小时的英语新闻，任小萍就会裹着大衣坐在院子里听；读呢，就是每周一份的《北京周报》，20多页一句不落地从头看到尾，把所有的生词都拿本子记下来；译，就是把《人民日报》上的重要文章，逐字逐句地译出来，再对照《北京周报》的英文译稿。

就这么几年下来，毕业的时候，任小萍已经是全年级成绩最好的学生之一了。

◎文苑拾萃

只要功夫深，铁杵磨成针

"只要功夫深，铁杵磨成针"是一句很有名的谚语，它告诉人们只要勤奋、认真并且一直坚持把某件事做下去，就没有什么做不成的事。这里还有一个典故。

相传唐朝大诗人李白小时候不喜欢读书。一天，他趁老师不在屋，悄悄溜出门去玩儿。

他来到山下小河边玩耍，见一位老婆婆在石头上磨一根铁棒。李白很纳闷，上前问："老婆婆，您磨铁杵做什么？"

老婆婆说："我在磨针。"李白吃惊地问："哎呀！铁杵这么粗大，怎么能磨成针呢？"老婆婆笑呵呵地说："只要天天磨，铁杵总能越磨越细，还怕磨不成针吗？"

聪明的李白听后，想到自己，心中惭愧，转身跑回了书屋。从此，他牢记"只要功夫深，铁杵磨成针"的道理，发奋读书。

一句话记一生

◎慎易以避难，敬细以远大。——韩非子

> 裴法祖（1914—2008年），浙江杭州人，中国科学院院士、著名外科学家、教授、博士生导师、中共党员，第三届全国政协委员，第四、五、六、七届全国人大代表。1993年，裴法祖当选为中国科学院院士。他的刀法以精准见长，被医学界称为"裴氏刀法"。2008年6月14日上午8时46分，裴法祖因病医治无效，在武汉逝世。

作为我国现代外科医学的创始人，裴法祖的刀法精准闻名于外科学界，人称"裴派风范"。

据说，裴法祖要划破两张纸，下面的第三张纸一定会完好无损。对此，我国著名的外科专家吴在德教授曾给过他这样的评价："我看过很多专家开刀，当然也有开得好的，但是裴教授的裴式刀法真是一点儿不假。开刀肯定会出血，但是裴教授开刀解剖得很细致，层次分得很清楚，出血也很少。"

裴法祖的功夫不仅以精确见长，手术时不多开一刀，不少缝一针，而且在选择器械时，也尽量会想办法减少对患者的损伤。外科医生之间只要彼此看一眼手法，就知道是不是裴法祖的学生了。裴法祖在做手术时，还有一个不成文的规矩：手术前，他一定要亲自清点一下每一件手术器械、每一块纱布。因此，一直以来，他的手术台都被认为是最安全的。而这种严谨的医风，在很大程度上也得益于他早年扎实的学习和严格的训练。

裴法祖出生于浙江省杭州市的一个书香世家，18岁时考进了上海同济大学医学院；20岁时，裘法祖被学校选派到德国慕尼黑大学医学院学习，师从著名外科学家布龙纳教授；26岁，他获得了博士学位，随后便留在慕尼黑大学的附属医院工作。

第二次世界大战爆发前，欧洲的医学水平十分发达，而德国与中国一样，向来都是一个以严谨著称的国家。裘法祖在这家医院里做的第一个手术是阑尾炎手术，但是病人不久后就去世了。尽管病人的去世与裘法祖的手术没有关系，但裘法祖的老师碰到裘法祖后，只对他轻轻说了一句："她是四个孩子的妈妈。"

就这么一句话，却让裘法祖振聋发聩。多年后，裘法祖在《旅德追忆》中写到，导师的这句话让他记忆深刻，甚至影响了他日后60多年外科生涯的作风和态度。

在这之后，裘法祖对待工作更加认真。也正是这么一句简单的"她是四个孩子的妈妈"的话，让裘法祖领悟到了作为一名医生的责任有多么重大！

作为顶尖级的外科医生，裘法祖给患者做手术时都是游刃有余，可是等到自己患了眼病，需要别的医生给自己做手术时，他也是紧张得不得了：万一麻醉没做好怎么办？万一手术失败怎么办？万一……裘法祖深深地体会到，患者将整个生命都交给了医生，这该是对医生多大的信任啊！

所以，从那以后，不管什么时候，不论做什么难度的手术，裘法祖都认真细致，把握好每一个步骤，做好每一个细节。

◎故事感悟

"救死扶伤"是从医人员的准则，医务战线的医护人员不论在国外还是国内都把这一准则看得比生命都重要。裘老师就是这样一位医生。一句"她是四个孩子的妈妈"让他领悟到了医生的责任。作为一名外科医生，一切为了患者，认真细致、谨慎行事是他一生的座右铭。

◎史海撷英

裘法祖和他的外国妻子

1940年，26岁的裘法祖在德国慕尼黑大学医学院邂逅了一位美丽的日耳曼少女——罗懿。1945年，裘法祖与罗懿在第二次世界大战的炮火中结为伉俪。在二战中，裘法祖抢救了很多人的生命，包括一些犹太人，罗懿一直在背后默默地支持着他。两人的生活虽然受到德国战乱的影响，但仍然可以苦中作乐。不久后，儿子的降临更给夫妻二人带来了巨大的喜悦。

1946年底，罗懿义无反顾地跟随丈夫裘法祖回到了中国。他们刚刚到上海时，赶上了通货膨胀，日子过得很苦。然而在选择国籍时，为了丈夫，罗懿毫不犹豫地选择了中国国籍。就这样，夫妻两人相濡以沫地走过了几十年的人生。

◎文苑拾萃

《写我自己》

《写我自己》一书是裘法祖教授将自己一生的经历实事求是地写出来的一部书。在这部书中，裘法祖特别强调"实事求是"与"严谨认真"，用朴素的文笔写成了自己的传记，而不是用华丽的文字搞文学创作。因此，书中内容也只求写实，毫不夸张，也毫不掩饰作者自己的真情。他说："我是一个外科医生，应该做到坦率和诚实。"

在这部书中，裘法祖写了自己的老家，回忆了自己的童年到少年，还写了同济大学的医学生，写了从上海到德国慕尼黑的生活经历，写了坐在慕尼黑大学医学院的教室里的感受，以及是怎样开始自己的外科生涯的等等。

ZHONGHUACHUANTONGMEIDEBAIZIJING
中 华 传 统 美 德 百 字 经

谨·功成于谨

第二篇

遇事从谨得保全

周公诫子

◎凡事皆能谨于几微，则不至于差之大矣。——薛瑄

> 周公（生卒年不详），姓姬名旦，亦称叔旦，周文王姬昌第四子，因封地在周（今陕西岐山北），故称周公或周公旦。周公是西周初期杰出的政治家、军事家和思想家，他被尊为儒学奠基人，是孔子一生最崇敬的古代圣人之一。武王死后，其子成王年幼，由他摄政治国。武王死后又平定"三监"叛乱，大行封建，营建东都，制礼作乐，还政成王，在巩固和发展周王朝的统治上起了关键性的作用，对中国历史的发展产生了深远的影响。周公在当时不仅是卓越的政治家、军事家，而且还是个多才多艺的诗人、学者。

《韩诗外传》卷三中有这样一个故事：周成王见周公贤德，就想赐封周公，但是周公辞谢，于是就把周公的儿子伯禽封到鲁国去。

辞行的时候，周公告诫他的儿子说："去吧！你千万不要依仗鲁国就对士人骄傲。我是文王的儿子、武王的弟弟、成王的叔父，又辅佐天子，我对天下人来说地位已够崇高了，可是我曾经为了接待来见我的人，洗一次头而三次握发，吃一顿饭而三次把口中的食物吐出。这样的小心紧张，还恐怕失去天下的士人。我听说，品德好而又能持守恭敬的，一定获得荣耀；土地广大富庶，而又能持守节俭的，一定获得安定；名位很高，而又对人持守谦卑的，将更加显贵；人口很多，兵力强大，而还能持守几分警惕的，一定能打胜仗；有聪明，有才干，还处处谨守几分愚笨的，一定能获得更多的益处；多听多记，还持守几分浅薄的样子，他的知识一定更广博。以上所说的'六守'，都是谦虚的表现。一个人身为天子，据有天下的一切，如不谦虚谨慎，他自己将比天下先灭亡，桀、纣就是例子，能不谨慎吗？所以《易经》上说：有一个大道理，从大的方面，可以守住天下，其次也可能守住国家，最小也可以守住他自己，这就是谦虚谨慎啊。天道对于太圆满的，要毁损一些；而对谦逊一点的，却给予帮助；地道把太圆满的山川形势，也要让它谦逊一些，让高的低一点，低的高一点；鬼神对太圆满的降给灾害，对谦逊的降给福祉；人类对骄傲自满的，都厌恶他；对谦虚自持的，都喜欢他。所以衣服做成了就缺衣襟；宫殿建成了就缺方角；屋建成了还需加上纹彩；故意表示不成，是天道要这样的啊！《易经》上说：'能够谦虚谨慎，万事皆通，只有君子能保持长久。'《诗经》上说：'商汤降生并不迟，由于圣明恭谨，他的美德才一天天在升起。'要以此来警戒自己，千万不要依仗鲁国向士人骄傲啊！"

儿子谨记周公的教诲，到了鲁国后，说话行事都小心谨慎，谦虚自持，所以一直安然无恙，过得怡然自得。

◎故事感悟

俗话说得好："儿行千里母担忧"，父亲又何尝不是呢？周公以自己的经历及典故教育儿子，让他不管在什么时候都要小心说话，小心做事，保持谦逊谨慎，以免去不必要的灾难，保全自己，一颗爱子之心呼之欲出。

◎史海撷英

周公制礼作乐

周公旦在任职期间，为进一步巩固周朝的政权，开始"制礼作乐"，制定和推行了一系列维护君臣宗法和上下等级的典章制度，主要有"畿服"制、"爵谥"制、"法"制、"嫡长子继承"制和"乐"制等等。其中，最主要的就是嫡长子继承制和贵贱等级制。

在殷商时期，君位的继承制度多半是兄终弟及，传位方式不定。而周公旦确

立的嫡长子继承制，即以血缘为纽带，规定周天子的王位应由长子继承，同时又将其他庶子分封为诸侯卿大夫。这些诸侯与天子的关系，是地方与中央、小宗与大宗的关系。

此外，周公旦还制定了一系列严格的君臣、父子、兄弟、亲疏、尊卑、贵贱的礼仪制度，以调整中央和地方、王侯与臣民的关系，加强中央政权的统治，这就是所谓的礼乐制度。孔子毕生所追求的，也就是这种有秩序的社会。

◎文苑拾萃

《多士》

《多士》为周公旦向殷朝的顽民所发布的文告，写的是对迁到洛邑的殷顽民的政策。

全文共分作两大段。第一段是攻心，意在让殷朝的顽民服从周人统治。理由是，你们这些殷士不好，上天把大命给了我小"邦周"，绝不是我"敢弋殷命"、"敢求位"。这就如同你们的先祖成汤取代不道的夏桀一样，也是"上帝不保"夏桀。我现在把你们从"天（大）邑商"迁到西土，不要怨我，我是矜怜你们的，这也是天命所在。

第二段的内容是宣布给顽民以生活出路，让殷朝的顽民就地安居，有他们的田地，有他们的佳宅。"尔乃尚有尔土，尔乃尚宁干止"。如果你们能顺从听命，有德，还会被任用，上天会可怜你们。否则，你们不但会失去土地，而且我还会把上天的处罚加在你们身上。

行止有度，保身有道

◎力胜贫，谨胜祸，慎胜害，戒胜灾。——刘向

> 陈完（生卒年不详），春秋时陈国公族，厉公之子，字敬仲（一说敬是谥号）。公元前707年，陈国发生宫廷内乱，厉公被杀，太子完被贬为大夫。

陈完是春秋时期陈国国君陈厉公的儿子。当时，统治秩序与社会伦理道德十分混乱，在争权夺利的斗争中，陈宣公的太子被杀，陈完就带着家人逃到了齐国。

齐国的国君齐桓公为"春秋五霸"之首，他很注重任用人才，曾不计前嫌，重用管仲治国。

齐桓公早就听说了陈完的才学，心中一直很想与他会面，只是苦于没有机会。这次，陈完刚好逃到了齐国。因此，陈完刚到齐国，齐桓公便迫不及待地接见了他。一席交谈后，齐桓公顿生相见恨晚的感觉，立即决定让陈完做卿。卿在当时是一种很高的官职，一般是不会轻易让别国的人做的。即便是本国的人，能做到卿的职位也是许多人梦寐以求的事。

然而，当齐桓公将陈完封为卿时，陈完却恭敬地向齐桓公施了一礼，辞谢道："我在陈国被逼得无栖身之所，只好逃到贵国来寄居。如果承蒙您的恩典，让我有幸能在您宽厚的政教下生活，我就心满意足了。我本是个不明事理，没有什么才能的人，您不责怪我，我已感恩不尽，哪敢贪图富贵，巴望做卿那样的高官呢？况且，让我这样一个客居贵国的无能的人做官，一定会

招致人们对您的非议，我又怎能给您添麻烦呢？这件事万万不可！"

齐桓公见陈完再三推辞，而且情意真切，也就没有再难为他，而是让他做了"工正"管理各种工匠。

陈完做了"工正"后，表现得十分出色，齐桓公对他的才能也更加赏识，经常与他一起讨论国事。君臣之间的关系也日益亲密。

有一天，陈完请齐桓公到家中喝酒，齐桓公兴冲冲地带着随从人员来到陈完家中，酒席已经摆好在庭院中了。

这天天气风和日丽，加上庭院中景色雅致，布置得体，齐桓公一见，早将那些烦人的政务抛到了脑后，忍不住开怀畅饮起来。

席间，齐桓公与陈完一起评古论今，而且越说越投机。说到高兴处时，两人便情不自禁地相视哈哈大笑；谈到气愤处，又不免摩拳擦掌、扼腕长叹一番。

齐桓公的酒量本已不小，再加上遇到陈完这样的知己，更是海量了，所以左一杯，右一杯，一直喝到太阳落山。齐桓公已经有几分醉意了，但他仍觉得没有尽兴，吩咐左右："赶快点上灯火，我要与陈大夫再喝几杯。"

这时，陈完赶紧站起来，恭恭敬敬地说："不能再喝了！我只想白天请您喝酒，晚上就不敢奉陪了！"

听了陈完的话，齐桓公有些失望，脸上就露出了不悦的神情，说："我与你正喝到兴头上，你怎么能扫我的兴呢？"

陈完赶紧诚惶诚恐地解释道："酒宴是一种礼仪性的活动，只能适可而止，不能过度。如果您因为跟我喝酒而没把握住分寸，遭到别人的指责，我怎能逃及罪责呢？所以，请您原谅，我实在不能执行您的命令。"

齐桓公一想，陈完说得也有道理，便不再坚持，酒席按时结束了。

◎故事感悟

陈完确实是个保身有道的明智君子。如果他不这样做，而是贸然接受高官厚禄，谁又能保证他的上司有朝一日不拿他开刀问斩呢？谨慎自保，才是正道啊！

◎史海撷英

田姓始祖

春秋中期，陈国发生了一起争夺君位的内乱，陈厉公被杀死，其侄陈林自立为侯。在这场内乱中，厉公的儿子陈完没能登上君王的宝座。

又过了几十年后，陈林死去，陈宣公即位。陈宣公二十一年（公元前672年），宣公杀死了太子御寇。这让陈完十分害怕，因为他平时与太子来往甚密，关系也最好。

因害怕连累自己，陈完便借故逃到东边的齐国。到了齐国后，陈完也不敢再姓陈了，而是改为田姓，陈完也变成了田完。古书《索隐》上说，因为在古时候陈、田二字声相近。就这样，陈完也成了田姓的始祖。

陈完在齐国受到了礼遇，做了大官，为齐国做了许多好事，深得齐国上下的好评。陈完死后，还被追封为敬仲，这就是田敬仲。

◎文苑拾萃

凤鸣锵锵

春秋战国时期，陈国大夫懿氏占卜把女儿嫁给陈厉公之子陈完，他的妻子占卦后说："吉，是谓'凤凰于飞，和鸣锵锵，五世其昌，并于正卿。八世之后，莫之与京'。"（见《左传·庄公二十二年》）

和鸣，也就是雄雌声音相和，响亮和谐。在这里的意思是说，夫妻必能和洽，后世强大无比。

急流勇退，英才保身

◎最明智的是急流勇退，最愚蠢的是狂妄无知。——南怀瑾

> 范蠡（公元前536—前448年），字少伯，春秋末期的政治家、军事家和经济学家，楚国宛（今河南南阳）人。范蠡曾著作有《计然篇》、《陶朱公生意经》等。公元前496年前后，范蠡入越，辅助勾践20年，终于使勾践于公元前473年灭吴。范蠡以为大名之下，难以久居，遂乘舟泛海而去。后至齐，父子戮力耕作，致产数十万。齐人闻其贤，使为相。范蠡辞去相职，定居于陶（今山东肥城陶山，或山东定陶），经商得资巨万，称"陶朱公"。范蠡既能治国用兵，又能齐家保身，是先秦时期罕见的智士，史书概括其平生"与时逐而不责于人"。

　　春秋末年，范蠡为了谋取功名，到越国辅佐越王勾践，被封为大夫，后来又升至上闺怨军。

　　这时，越国与吴国结仇，吴王夫差便日夜操练兵马，准备攻打越国，而越王勾践则想先发制人去讨伐吴国。范蠡劝阻勾践说："大王您不能这么做，我听说兵器是不吉利的东西，战争是违背道德的，争斗是各种事情中最末等的事。违背道德，好用凶器，干末等之事，老天爷也是不赞成的，所以无故起兵是不利的。"

　　但是，勾践却根本不听范蠡的劝告，非要出兵伐吴国。于是，吴越两军交战，结果越军大败，越王勾践被吴军包围。这时，勾践才悔恨万分，便向范蠡请求救国之策。

　　范蠡建议勾践马上派人去给吴王送厚礼，并向他们求和。于是，勾践就派文种去向吴王求和。

文种多次求见吴王，吴王夫差才勉强同意了勾践的请求，撤兵回国，但要求将勾践夫妇带回到吴国做臣子，并让他们伺候自己。于是，勾践就将国家大事托给大夫文种，自己带上夫人和范蠡到吴国去做人质。

到了吴国后，吴王夫差就让勾践他们住在先王坟墓旁的石头屋里，为吴王养马。吴王每次出去，也都要勾践为他拉马。

范蠡的日子就更难过了，他在人前与勾践一起伺候吴王，在人后还要伺候自己的主子勾践，还得不断地活动，观察形势。勾践有时忍不住了，范蠡还要耐心安抚他，以免前功尽弃。

这样经过三年的痛苦生活，吴王夫差认为勾践真的已经臣服自己了，便决定把他们放回越国。

勾践回到越国后，为了不使自己忘掉亡国的耻辱，不在卧室内铺放锦绣被褥，只铺上柴草；还在屋里挂一个苦胆，每次吃饭之前，都要尝一尝胆的苦味。

勾践觉得范蠡的才能和忠诚都可以信任，便打算把国政交给他，但范蠡却说："操练兵马，行军打仗，文种不如我；治理国家，安抚百姓，我不如文种。"于是，勾践就将国家的政事都交给文种，而让范蠡负责操练兵马。

后来，范蠡在苎萝山上遇到了美女西施，便说服她为国舍身。范蠡亲自把西施送到吴国。吴王一见西施的美貌，马上就被迷住了，日夜与西施在姑苏台上作乐。西施牢记范蠡的嘱托，总是在夫差面前说越国的好话，于是吴王也放松了对勾践的警惕。

而这时，越王勾践正礼贤下士，在范蠡、文种两人的齐心辅佐下，经过十年艰苦奋斗，使得越国实力日益强盛起来，并做好向吴国复仇的准备。

周敬王三十八年（公元前482年），越国出兵打败了吴国，从此不再向吴国称臣进贡了。五年之后，即周敬王四十二年（公元前478年），越军攻到姑苏城下，围城三年，终于彻底打败了吴军，并逼迫吴王夫差自杀。随后，勾践率越军横行于江淮一带，成了霸主。

后来，越王勾践论功行赏，范蠡作为一个从始至终辅佐勾践完成霸业的

有功之臣，官超过计划上将军。然而，范蠡却不恋虚名，不图富贵。作为大臣，他认为自己已经辅佐主公完成了大业，圆满地完成了自己一生的事业。

功德圆满之后，范蠡给勾践留下了一封信，信中说："当年主公受辱于会稽山，主辱臣死。现在天下已定，请主公给臣下降罪处死。"

之后，范蠡便乘船不辞而别，永远地离开了越国。在临走时，范蠡没有忘记老朋友文种，也特意给他留下一信，说明鸟尽弓藏的道理，并劝他也应远走高飞。但是，文种并没有听从范蠡的劝告，最后终于被勾践逼得自杀了。

范蠡泛海北上来到齐国，更名换姓为夷子皮，带领子孙们不问政事，只经营生产，没多久家产就多达千万。齐国国王听说范蠡很有才能，就请他当宰相。范蠡叹息道："居家则致千金，居官则致卿相，引布衣之极也。久受尊名，不祥。"于是，他又交还了相印，散发资财，只带着亲属和少量珠宝离开了齐都，躲到陶这块地方，从此改名为陶朱公。

范蠡在陶居住了19年，曾经"三致千金"，就是散了又挣、挣了又散三次，成为天下首富。后来，他又离开了陶地，只带着西施，浪迹太湖，过着无拘无束的生活。

◎故事感悟

"狡兔死，走狗烹"，这是一个千年不变的定理。范蠡深知勾践可共患难不可共荣华的小人性情，因此，他谨慎小心，果断地抛弃功名利禄，不贪婪"走钢丝"式的上层仕途，及时退出激流险滩，确是明智之举。

◎史海撷英

范蠡在卢邑

范蠡晚年时，将店里的生意交给长子经营，自己则带上夫人和小儿子一起游山玩景，饱览祖国的大好河山。他们顺着黄河逆流而上，一路经过汴梁、郑州、洛阳等各大城市。

一天，范蠡来到了熊耳山下的卢邑（今卢氏县），发现这里湖水荡漾，山色葱茏，十分美丽，便决定在此长住。在看到当年大禹王在此疏通河道留下的遗迹时，他感慨万千。

在了解到当地盛产核桃、木耳、山珍、肉类皮毛、粮食药材等土特产品，但缺少食盐、葛麻布衣、日用杂品等的情况时，范蠡决定为这里的百姓办点好事。

经过几天的考察，范蠡便在当地盖起了一座规模很大的山货行骡马店，雇用了几个生意能手，买了十几头骡子，做起了收购山货的生意。

范蠡收购的山货价格比以往都高。不满一个月，各种山货就堆满了几个大库房。他把每种货物挑拣分类后打包，然后根据掌握的销货信息，用牲口将山货驮运出山，销往全国各地。得款后，他们再到市场上购回食盐、葛麻布衣和各类日用杂货。这些物品运进山后，都按低于以往市场的价格销给了当地的群众。

远处的商贩听说范蠡的善举后，都闻风而至，一时间范蠡店门口供货的、进货的络绎不绝。当地的农民见有利可图，也都纷纷前来批发食盐或日用杂品拿到乡下去卖，学着做转运生意，渐渐也都富裕起来。

而且，经常为行里帮工的妇女们与范蠡的夫人熟了，也都跟着她学习缝制衣服。夫人也下地教她们种桑养蚕，抽丝织布，男女老幼的衣着也有了改观。

范蠡父子在卢氏经营了几年生意后，为山区人民闯出了一条致富路。他临回陶时，又把积累的几十万家财中的绝大部分都留给了乡邻和穷苦人。

后来，当地人为了纪念范蠡，就把他当年生活的卢氏县莘川村改名为"范蠡"，把村边的湖改称"范蠡湖"，并载于清朝的《卢氏县志》上。

◎文苑拾萃

陶朱公理财十二则

（春秋）范　蠡

能识人：知人善恶，赈目不负。

能用人：因财器便，任事可赖。

能知机：善贮时宜，不致蚀本。

能倡率：躬行以率，观感自生。

能整顿：货物整齐，夺人心目。

能敏捷：犹豫不决，到老无成。

能接纳：礼义相交，顾客者众。

能安业：弃旧迎新，商贾大病。

能辩论：生财之道，开引其机。

能办货：置货不拘，获利必多。

能收账：勤谨不怠，取讨自多。

能还账：多少先后，酌中而行。

萧何听劝从谨

◎小心多，失足少。——金埴

萧何（？—前193年），出生于秦泗水郡丰邑县（今江苏丰县）东护城河西岸，现萧何宅遗址尚存。他平时勤奋好学，思想机敏，对历代律令颇有研究。早年萧何任秦沛县狱吏，秦末辅佐刘邦起义。攻克咸阳后，他接收了秦丞相、御史府所藏的律令、图书，掌握了全国的山川险要、郡县户口，对日后制定政策和取得楚汉战争胜利起了重要作用。楚汉战争时，他留守关中，使关中成为汉军的巩固后方，不断地输送士卒粮饷支援作战，对刘邦战胜项羽、建立汉朝起了重要作用。惠帝二年（公元前193年），萧何卒，谥号"文终侯"。

萧何在协助刘邦、吕后平息了韩信、陈豨、英布的叛乱，除掉了刘邦的心病，让刘邦格外高兴。于是，刘邦立即派使者封萧何为相国，增加食邑5000户，还派了一个由500名卫卒、一名都尉组成的卫队，护卫相国。

萧何升官加爵后，一时间上门恭贺的人纷至沓来，相府门庭若市。然而，唯独一个叫召平的满面愁容而来，而且出语惊人，居然说是前来吊丧。

召平原来是秦朝的东陵侯，是个有头有脸的人物。可惜秦朝灭亡后，召平便沦为平民，在长安的城东以种瓜度日。因为他种的瓜又大又甜，美味可口，人们就依照他以前的侯封，称他为"东陵瓜"。召平也随着"东陵瓜"而出了名。他与萧何也因此成为莫逆之交。

萧何见召平这个样子，大惑不解。当宾客散去后，萧何悄声问召平道：

"我升为相国，群臣来拜贺，你为何不快？"

看到萧何困惑不解的样子，召平解释道："相国的祸患从此开始了！皇上统兵在外征战，含辛茹苦风餐露宿，而你在后方留守，并没有亲冒矢石赴汤蹈火。现在却给你增加封邑，设置卫队，这是因为刚刚出了淮阴侯这档子事，笼络相国而已。设置卫队保护你也不是什么好事，随时可能会出麻烦。相国不如加以辞让，也不要接受封赏，并尽可能把自己家里的财产拿出来捐助军资。这样，解除了圣上的怀疑，圣上就会龙心大悦，相国就会平安无事。"萧何听后恍然大悟，连忙道谢。于是，他听从了召平的劝告，依计而行，刘邦果然欢喜，不再怀疑萧何。

但是，刘邦只是对萧何这种表忠心的做法感到满意，对萧何的猜忌之心却并未消除，只要他一离开京城，刘邦就会觉得萧何随时随地都可能成为一个引爆的炸药包。

高祖十二年（公元前195年）秋，英布造反，刘邦领兵讨伐期间，多次派使者回到长安，查问萧何在关内都做了些什么事。萧何见刘邦仍把自己当做假想敌，心中十分惶恐，便按照召平说的老办法，又拿出家中所有的钱财，资助前方作战部队，并认真做好安抚百姓的工作，以确保京城安宁、后方稳定，好让刘邦放心。

萧何这么做自以为得计，但召平和一些门客却提醒萧何说："你遭受灭族之灾的日子不远了。你身为相国，居百官之上，功劳又名列第一，难道功名还能复加吗？你入关中已十余年了，军民都归顺于你，你的力量足以颠覆关中，所以皇上才对你放心不下呀！"

"那么，我应该怎么办才好呢？"萧何有些忐忑不安。

"你多买田地，广置房舍，故意败坏自己的名声，羞辱自己，这样圣上就会安心了。"

萧何觉得有道理，就按照召平所说，认真地为自己预留退路。

刘邦得知萧何的这种行为后，表面上非常气愤，说要拿萧何是问，安抚民众，内心却感到窃喜，认为萧何胸无大志，根本不足为虑，从此便放松了对萧何的戒备，萧何也得以从容地全身而终。

◎故事感悟

处高位握大权而兼享盛名，自古没有几个人能善始善终。他们总需持盈保泰，小心谨慎，方能保持晚节，泽被后世。萧何的聪明就在于结交到了好友，并能听取意见，小心行事，最终得以保全自己。

◎史海撷英

萧何月下追韩信

秦末农民战争爆发后，韩信投奔到项梁的军队中。项梁兵败以后，韩信又归附项羽。

韩信曾多次向项羽献谋献策，可始终不被采纳，于是他便离开了项羽，前去投奔了刘邦。

有一天，韩信违反了军纪，按规定应当斩首。临刑时，韩信看到汉将夏侯婴，就问："难道汉王不想得到天下吗？为什么要斩杀壮士？"

夏侯婴以韩信所说不凡、相貌威武而下令释放了他，并将韩信推荐给刘邦，但仍未被重用。

后来，韩信多次与萧何谈论，其才华被萧何所赏识。刘邦至南郑途中，韩信思量自己难以受到刘邦的重用，便中途离去，被萧何发现后追回。此时，刘邦正准备收复关中，萧何就向刘邦推荐韩信，称他是汉王争夺天下不能缺少的大将之才，应重用韩信。刘邦采纳萧何的建议，七月，择选吉日，斋戒，设坛场，拜韩信为大将。

从此，刘邦文依萧何，武靠韩信，举兵东向，夺到了天下。

◎文苑拾萃

成也萧何，败也萧何

"成也萧何，败也萧何"这则成语是比喻事情的成败都出于同一个人，见于宋洪迈的《容斋续笔·萧何绐韩信》："韩信为人告反，吕后欲召，恐其不就，乃与萧相国谋，诈令人称陈已破，绐信曰：'暑病强入贺。'信入，即被诛。信之为大将军，实萧何所荐，今其死也，又出其谋，故俚语有'成也萧何，败也萧何'之语。"

君子好恭谨

◎入德必自敬，故容貌必恭也，言语必谨也。——杨时

鲁国有一位恭谨的士人，名叫机汜，年纪已70岁，但是他行事说话却依然恭谨小心。

冬天时，他会选择走在没有阳光照射的地方；而到了夏天，他却愿意走在有阳光的地方；每当他经过集市时，丝毫不敢作过多的停留；众人行动时，他不会根据自己的需要作选择，而是一定会跟随；他坐的时候，不会随心所欲，而是一定会正襟危坐；吃一餐饭的时间，站起来三次；即使是看见穿着粗陋衣服的人，他也一定会躬身向其行礼。

鲁君对机汜的这种行为十分不解，认为他完全没有必要这么做。于是有一天，他就问机汜说："机子，你的年纪已经很大了，为什么还是那么遵守礼节，那么恭敬，难道就不可以减免一些礼节吗？"

机汜听了，躬身一拜，平静地答道："君子注重恭敬才能成就声名；小人注重恭敬，就可以免除刑罚。坐着舒适，却还要防备跌倒；吃着美味，但也要小心噎到。现在像我这样所谓幸运的人，却不一定就是幸运。鸿鹄一飞冲天，岂不是飞得很高吗？但用短箭还可以把它打下来；虎豹够凶猛了，但人还可以吃它的肉、睡它的皮。称赞别人的人少，诋毁别人的人多。我年纪七十了，常常害怕灾祸降临到身上，我又怎能不恭谨小心呢？"

◎故事感悟

　　机汜恭敬谨慎到这个地步，在我们现代人看来，实在是有点迂腐了。但仔细一想，却又是可以理解的。试想，在他所处的那个年代，稍微不小心，就有可能因说错话做错事而惹来杀身之祸。只有小心行事，方能在乱世中得以保全自己。

◎文苑拾萃

《龙文鞭影》二集（上卷）

清：李晖吉　徐兰畦（徐瓒）

一　东

篇承古度，集续汉冲；搜罗子史，诱掖儿童；

明锐韩愈，完粹李侗；清呼一叶，德颂二冯；

谅辅祷雨，陈茂诃风；四如给事，三旨相公；

怀橘陆绩，辨李王戎；盗琶黑黑，记曲红红；

管略画地，殷浩书空；欧公白耳，窦女赤瞳；

裂服驰咏，挂愤易雄；良将五鸹，廉宦一骢；

浚沮武穆，敞短文忠；汉王颂露，魏帝逼虹；

啖饼刘晏，抵肉李充；饬儿还棋，促侄贩葱；

辇通同弩，混填神弓；驰湛诈善，机汜学恭；

狎客江纵，弄臣邓通；秀才胆大，府尹声雄；

女遗螺壳，生寄鹅笼；从难王达，捽恶扬忠；

不疑盗嫂，伯鱼挝翁；丕曜佯哑，杜微诈聋；

杨嘲四畏，刘慨三同；覆镜郭璞，咒杯柳融；

赌姬严续，斩妓石崇；试子夷简，弹婿敏中；

传诗辕固，通易吕蒙；黎邱奇鬼，枣阳怪童；

王烹云母，柳逢雨工。

阮籍处事谨慎

◎言不苟出，行不苟为，择善而后从事。——刘安

> 阮籍（210—263年），三国魏诗人，字嗣宗，陈留尉氏（今属河南）人。阮籍是建安七子之一阮瑀的儿子，曾任步兵校尉，世称阮步兵。崇奉老庄之学，政治上则采谨慎避祸的态度。与嵇康、刘伶等七人为友，常集于竹林之下肆意酣畅，世称竹林七贤。阮籍是正始之音的代表，其中以《咏怀》82首最为著名。阮籍透过不同的写作技巧如比兴、象征、寄托，借古讽今，寄寓情怀，形成了一种"悲愤哀怨，隐晦曲折"的诗风。除诗歌之外，阮籍还见长于散文和辞赋。

阮籍生活在魏晋之际，当时天下不安定，有许多变故，政治黑暗，统治者镇压异己，手段残酷，稍有闪失就会惹祸上身。阮籍为了避祸，为人十分小心谨慎，从来不多说话，做到了"喜怒不形于色"，"口不论人过"，"未尝臧否人物"。

《晋书·阮籍传》说他："不与世事，遂酣饮为常。"把醉酒当做自己"不与世事"的挡箭牌。

有一次，司马昭的儿子司马炎看上了阮籍家的女儿，于是司马昭便亲自出马，到阮籍家谈这门亲事。在阮籍的家中，司马昭说明了来意，并说了众多两家结亲的好处，还时不时地把自家的身份地位显露出来。阮籍表面上笑脸相迎，但心里一万个不同意，嘴上又不敢拒绝，只说要先问问女儿的意见。把事情拖下来之后，阮籍左右为难，于是他就想出了一个折中的办法，连续醉酒，一直醉了60天，天天醉得像烂泥一样，不省人事，终于使司马昭没有

机会再提此事而作罢。

钟会和阮籍一向不和，钟会一直想陷害他，多次想让他评论时事，好借机会找碴儿给他安个罪名，把他给法办了，但每次阮籍都是喝得大醉，不能交谈，因此得以保全性命。

但是，千万不要以为阮籍以能够保全自身而得意，阮籍烂醉的身体里头偏偏又包着正直的骨头、流淌着正直的血，他为不能痛痛快快地说话而痛苦。于是，他发明了以黑眼珠看正义之士、以白眼珠看礼俗之人的这种以眼色代替语言的表达方式，即我们所说的阮籍善为"青白眼"，"口不论人过"，只以白眼而视。

◎故事感悟

阮籍，一代文人大家，为求自保，谨言谨行如此，确实让人心酸。他的诗文虽然慷慨激昂，但许多意思都是隐而不显的，正如他的为人。他为官清廉公正的做法以及"终身履薄冰，谁知我心艰"的诗句说明，酗酒只是他在黑暗王朝保全性命的谨慎之举。

◎史海撷英

阮籍啸台

阮籍啸台也被称为阮籍台，是晋代阮籍舒啸处。现在的阮籍啸台遗址位于河南省开封市尉氏县城小东门南城墙上，东临城壕，西濒东湖，南北皆为干部家属院住宅。

据记载，阮籍啸台原"高十五丈，阔二丈，有层三楹"，在明嘉靖十四年（1535年）、清乾隆十四年（1749年）和民国四年（1915年）曾多次重修，可惜在日寇进犯尉氏县时被破坏。如今的阮籍啸台更像一座土堆，或是在闹市中的一个土岗，其上杂树丛生，有游人经常攀登的小径。登上去，放目远眺，阳光灿烂，东湖之上波光粼粼，令人不禁浮想联翩。

◎文苑拾萃

咏怀诗（其二）

（三国）阮　籍

月明星稀，天高气寒。

桂旗翠旌，佩玉鸣鸾。

濯缨醴泉，被服蕙兰。

思从二女，适彼湘沅。

灵幽听微，谁观玉颜？

灼灼春华，绿叶含丹。

日月逝矣，惜尔华繁！

静是保身立业的法器

◎真正大英雄，却于战战兢兢、临深渊薄，处做将出来。——罗大经

刘秀（公元前6—57年），中国东汉王朝的开国皇帝，字文叔，南阳蔡阳（今湖北枣阳西南）人。刘秀是汉高祖刘邦九世孙，长沙王刘发的直系后代，父亲曾任南顿令。刘秀于公元25—57年在位。赤眉、绿林起义爆发后，地皇三年（22年），刘秀与其兄刘縯为恢复刘姓统治，起事于春陵（今湖北枣阳南），组成春陵军。地皇四年，刘秀在昆阳之战中建立大功。

西汉末年，王莽篡位。他残暴无度，使统治秩序日益混乱，人民苦不堪言。这时，绿林、赤眉两军适时打起反王旗帜，共图大业。然而，起义军内部不团结，经常为了权势而争斗不已。

公元23年，绿林军内部为了争权夺势，设计刺杀了刘秀的哥哥。刘秀知道后，万分悲痛，食不下咽。在此后的一段日子里，刘秀表面上看起来波澜不惊，但内心中却埋藏着深深的苦痛。在洛阳时，他独自住在一间房子里，不让外人进去。他的好友冯异曾进过这个房间一次，发现刘秀的枕巾被泪水打湿了一大片。冯异努力劝慰刘秀，但刘秀却矢口否认说："我没有伤心，你不要乱说。"刘秀在心中早就立志，一定要为哥哥报仇雪恨。

但是，刘秀却没有莽撞行事，而是赶紧从外地奔回"请罪"，缄口不提兄弟两人的功绩，不仅不为哥哥服丧，也不与哥哥的旧将交谈，在绿林众将面前言谈举止和原来一样，丝毫看不出悲哀的样子。

刘秀的表现骗过了当时已被拥立为帝的刘玄和诸多参与谋杀刘秀哥哥的将领们的眼睛,保住了性命,并渐渐获得了这些人的信任,以至后来刘玄还糊里糊涂地派刘秀去河北进行扩展势力的重要工作。

刘秀趁此良机,在河北境内积极发展自己的势力,待羽翼丰满之后,便拥兵自立,一举打败了绿林军,杀死刘玄,自己当上了东汉的开国皇帝,这才有了历史上的"光武中兴"。

◎故事感悟

面对小人的险恶阴谋,刘秀处于危险的境遇中,最有效的护身法器就是一个"静"字,也就是"谨默",言语行动要小心,不讲过多的话语。能静下来,先求保身,才能有机会战胜敌人。

◎史海撷英

安知非仆

在光武帝刘秀还是个普通百姓时,有一次,他与姐夫邓晨到别人家去做客。

当时,大家看到谶书中说:"刘秀当为天子。"旁边就有人说:"谶书所说的刘秀肯定是国师公刘秀(当时新朝的国师公刘歆恰巧刚刚改名为刘秀)。"可当时在场的刘秀(即后来的光武帝)却说:"怎么就知道这谶书中所说的要当天子的刘秀不是指的我呢?"结果引起了众人的哄笑。

刘秀登基后的第三年,便与邓晨再次谈及往事,邓晨从容地对光武帝说:"仆竟然做到了。"光武帝听后大笑。

◎文苑拾萃

光武台

（元）元好问

东南地上游，荆楚兵四冲。

游子十月来，登高送长鸿。

当年赤帝孙，提剑起嵩蓬。

一顾潢水断，再顾新都空。

雷霆万万古，青天看飞龙。

岿然此遗台，落日荒烟重。

谁见经纶初，指挥走群雄。

白水日夜东，石麟几秋风。

贺若弼谨记遗言

◎节食则无疾，择言则无祸。疾祸之生，匪降自天，
皆自其口，故君子于口之出纳唯谨。——曾国藩

贺若弼（544—607年），字辅伯，河南洛阳（今河南洛阳）人，隋朝著名将领。贺若弼出生在将门之家，其父贺若敦为北周将领，以武猛而闻名，任金州（今陕西省安康）刺史。北周保定五年（565年）十月，贺若敦因口出怨言，为北周晋王宇文护所不容，逼令自杀。临死前，曾嘱咐贺若弼说："吾必欲平江南，然此心不果，汝当成吾志。且吾以舌死，汝不可不思。"（《隋书·贺若弼列传》）并用锥子把贺若弼的舌头刺出血，告诫他慎言。

武成二年（'560年），权臣宇文护毒死了周明帝宇文毓，护立当时身为大司空、鲁国公的宇文邕为帝，史称周武帝。然而，宇文护自己仍然掌朝政。天和七年（572年），宇文邕诛杀宇文护，开始亲自处理国务。

周武帝执政期间，生活俭朴，各种事务都希望能够超越古人，对宇文护及北齐所修的过于华丽的宫殿一律焚毁，对下则严酷少恩，但果断明决，耐劳苦。在征伐时，往往要躬亲行阵，士卒们都愿意效死力。因此，他对太子的要求也十分严格。太子德行不端，害怕父皇知情，于是矫情掩饰，欺上瞒下，所以，太子的过失周武帝一点儿也不知道。

见到这种情况，上柱国乌丸轨曾对贺若弼说："太子必不克负荷。"

贺若弼深以为然，便劝乌丸轨告之武帝。乌丸轨便借机对武帝说："太子非帝王器，臣亦尝与贺若弼论之。"

武帝忙召问贺若弼，贺若弼知道太子的地位已经不可动摇，而且牢牢记

住父亲临终前的遗言，唯恐祸及自身，于是回答说："皇太子德业日新，未睹其阙。"

武帝听后，默然不语。事后，乌丸轨指责贺若弼出卖了自己，贺若弼却说："君不密则失臣，臣不密则失身，所以不敢轻议也。"

果然，后来太子继位，乌丸轨被诛杀，贺若弼却免受其祸。

◎故事感悟

贺若弼的行为难免会让人觉得有些不光彩，但任何事情都是在一定的历史条件下进行的，有时为了保身，成就更大的事业，不得不说一些违心的话，做一些违心的事。贺若弼谨记遗言，小心说话，不能不说他有自保免灾的能力。

◎史海撷英

贺若弼受拜吴州总管

隋开皇元年（581年），杨坚登基，改国号为隋，是为隋文帝。

杨坚称帝后，便有吞并江南、统一中国的志向。为此，杨坚查访可以胜任的人戍镇江淮。尚书左仆射高颎推荐说："朝臣之内，文武才干，无若贺若弼者。"

杨坚说："公得之矣。"

于是，杨坚就拜贺若弼为吴州（今扬州一带）总管，镇江北要地广陵（今江苏扬州西北），委以平陈之事，经略一方，作灭陈的准备。

贺若弼欣然从命，并给寿州总管源雄赋诗一首，说："交河骠骑幕，合浦伏波营，勿使麒麟上，无我二人名。"然后赴广陵（今江苏省扬州）任所，整军经武。

◎文苑拾萃

瞒天过海

"瞒天过海"指的是用欺骗的手段将自己的真实意图和目的隐藏起来，迷惑对方，最终来实现自己的目的。这里还有一个典故。

583年，陈叔宝当上了陈朝的皇帝。可是，他整日只知道吃喝玩乐，根本不理朝政，令奸臣乱党乘机为非作歹，欺压百姓，闹得民不聊生，陈朝危在旦夕。

当时，隋文帝杨坚已经统一了北方，国力日渐强盛，故而斗志正旺。他分析局势后，深知陈朝国力空虚，已不堪一击，便派兵南下，想一举攻灭陈朝。可是，隔着滔滔的长江，怎样进攻才能做到万无一失呢？

这时，老臣高颎悄悄地向隋文帝献上了一条妙计。隋文帝便依照高颎的计策，一声令下，几路大军浩浩荡荡一齐进攻，首先切断了长江上游与中下游军的联络，使他们不能相互照应。与此同时，隋朝大将贺若弼又率大队人马向陈朝的国都建康进军。兵马来到长江北岸驻扎下来。只见帐篷林立，军旗飘扬，人喊马嘶，一派战前景象。江南陈朝将领见到这一阵势，以为隋军即将渡江攻城，顿时都紧张起来，忙召集全部人马，抖擞精神，准备要与隋军决一死战。

然而，陈朝军队等了好几天，隋军不但没有渡江攻城，反而撤了回去，渡口只留了一些破旧的小船。陈朝将士以为隋军水上力量不足，不敢轻易进攻，上上下下都松了口气。

可是不久后，隋军又集结江北，安营扎寨。陈军慌忙再度备战。这样反复折腾了几次后，弄得陈军人困马乏，加上粮食又被隋军间谍烧毁，陈军更是人心惶惶，进退两难。

就在这时，隋军突然发起总攻。在浩浩的长江之上，隋军万船齐发，杀得陈军根本没有还击之力，就连陈后主也乖乖地当了俘虏。

隋文帝笑逐颜开，重重赏赐了有功将士。他夸赞高颎道："好一个瞒天过海之计！若不是如此麻痹敌军，我们怎会不费吹灰之力轻易取胜？姜，到底还是老的辣！"

郭子仪大开府门

◎我一辈子全靠谨慎小心，才躲过了许多奇灾异难。你要想安然无恙，也得处处小心才是。——谢德林

郭子仪（697—781年），中唐名将，汉族，华州郑县（今陕西华县）人，祖籍山西汾阳。郭子仪以武举高第入仕从军，累迁至九原太守、朔方节度右兵马使。天宝十四年（755年），安史之乱爆发后，郭子仪任朔方节度使，率军收复洛阳、长安两京，功居平乱之首，晋为中书令，封汾阳郡王。代宗时，郭子仪又平定仆固怀恩叛乱，并说服回纥首长，共破吐蕃，朝廷赖以为安。郭子仪戎马一生，屡建奇功，大唐因有他而获得安宁达20多年，史称"权倾天下而朝不忌，功盖一代而主不疑"，举国上下，享有崇高的威望和声誉。郭子仪85岁寿终，赐谥忠武，配飨代宗庙廷。

郭子仪爵封为汾阳王后，王府就建在首都长安的亲仁里。而汾阳王府自从落成以后，每天都是府门大开，任凭人们自由地来回进出，郭子仪不允许府中的任何人对此加以干涉。

有一天，郭子仪帐下的一名将官要调到外地任职，来王府辞行。他知道郭子仪府中百无禁忌，就一直走进了内宅。恰巧这时，他看到郭子仪的夫人和他的爱女正在梳妆打扮，而王爷却好像奴仆一样，在伺候夫人。

这位将官当时不敢讥笑郭子仪，回家后，他禁不住讲给家人听。于是，一传十，十传百，没几天，整个京城的人都将这件事当成笑话来谈论。郭子仪听了倒没觉得什么，可他的几个儿子听了后，觉得太丢王爷的面子，决定向父亲提提意见。

他们相约一齐来找父亲，要郭子仪下令，像别的王府一样，关起大门，不让闲杂人等出入。郭子仪听了后，哈哈一笑。几个儿子忙跪下求他，一个儿子说："父王您功业显赫，普天下的人都尊敬您，可是您自己却不尊重自己，不管什么人，您都让他们随意进入内宅。孩儿们认为，即使商朝的贤相伊尹、汉朝的大将霍光也无法做到您这样。"

郭子仪听了这些话，收敛了笑容，对儿子们语重心长地说："我敞开府门，任人进出，不是为了追求浮名虚誉，而是为了自保，为了保全我们全家人的性命。"儿子们感到十分惊讶，忙问其中的道理。

郭子仪叹了一口气，说道："你们光看到郭家显赫的声势，而没有看到这声势有丧失的危险。我爵封汾阳王，往前走，再没有更大的富贵可求了。月盈而蚀，盛极而衰，这是必然的道理。所以，人们常说要急流勇退。可是眼下朝廷尚要用我，怎肯让我归隐？再说，即使归隐，也找不到一块能够容纳我郭府1000余口人的隐居地呀。可以说，我现在是进不得也退不得。在这种情况下，如果我们紧闭大门，不与外面来往，只要有一个人与我郭家结下仇怨，诬陷我们对朝廷怀有二心，就会有专门落井下石、陷害贤能的小人从中添油加醋，制造冤案。那时，我们郭家的九族老小都要死无葬身之地了。"

◎故事感悟

正因为郭子仪具有高度的政治眼光和德行修养，才能忍受各种复杂的政治环境，必要时牺牲掉局部利益，用谨言谨行的作风确保全家安宁。人们若能像郭子仪那样，时刻保持谦卑谨慎的状态，祸患自然不会产生。所以，未雨绸缪，防患于未然是很有必要的。

◎史海撷英

郭子仪智退戎兵

广德二年（764年）十月，仆固怀恩引吐蕃、回纥、党项数十万部众南下，导致京师惶恐。

唐代宗忙召见郭子仪,向郭子仪求抵御戎兵之计。郭子仪说:"据臣所见,仆固怀恩不能有所作为。"

代宗问其原因,郭子仪回答说:"仆固怀恩虽然号称骁勇,但他平素不得士心。仆固怀恩本是臣的偏将,其下边的人也都是臣的部曲,臣的恩信曾施及他们。今天臣为大将,他们必然不忍心以锋刃相向,因此知道他不能有所作为。"

戎虏侵寇分州,郭子仪让他的长子朔方、兵马使郭曜率军援救邻宁,与分宁节度使白孝德闭城拒守。仆固怀恩的前锋来到奉天,在城外挑战,诸将请用兵击之,郭子仪制止他们说:"客兵深入,其利在于速战,不可与他们争锋。他们都是我的部曲,缓之必然会叛离;如果逼迫他们,是加速他们战斗,开战则胜负不可言。敢言战者斩!"便加固城墙以待之,果然不战而退。

◎文苑拾萃

沁园春

(南宋)陈人杰

诗不穷人,人道得诗,胜如得官。

有山川草木,纵横纸上;虫鱼鸟兽,飞动毫端。

水到渠成,风来帆速,廿四中书考不难。

惟诗也,是乾坤清气,造物须悭。

金张许史浑闲。未必有功名久后看。

算南朝将相,到今几姓;西湖名胜,只说孤山。

象笏堆床,蝉冠满座,无此新诗传世间。

杜陵老,向年时也自,井冻衣寒。

唐顺宗的保身之道

◎君子笃于义而薄于利，敏于事而谨于言。　——陆贾

> 唐顺宗（761—806年），名李诵，汉族，唐德宗的长子。顺宗是以长子的身份被立为皇太子，由于父亲德宗在位时间长，他做太子的时间长达26年。顺宗在位期间，没有以皇帝的身份过过一个新年。即位当年的新年，他就已经是太上皇了。其在位时间还不足200天，在整个唐朝皇统体系中，他是在位时间最短的一位皇帝。

唐顺宗李诵在父亲德宗即位的当年，即大历十四年（779年）十二月，被诏立为皇太子，第二年即建中元年（780年）正月备礼册立。到贞元二十一年（805年）正月二十三日，德宗遗诏传位，二十四日宣遗诏，李诵于正月二十六日正式即位。这样算来，顺宗做皇太子整整25年，按照当时习惯，应为26年。

顺宗一生都约束言行，小心谨慎。在做太子的26年中，他亲身经历了藩镇叛乱的混乱和烽火，也耳闻目睹了朝廷大臣的倾轧与攻讦，在政治上日益走上成熟。史书中对他的评价是："慈孝宽大，仁而善断。"

也正是因为顺宗的小心谨慎，才让他在尔虞我诈的皇宫中得以生存，虽然即位后也没有什么大的建树，但这却也不失为一种生存方式。

顺宗的小心翼翼表现在很多方面。

有一次，不是皇太子的顺宗曾侍宴鱼藻宫。宴会当中，张水为嬉，彩船装饰一新，宫人引舟为棹歌，丝竹间发，德宗欢喜异常。顺宗在父皇询问他

的感受时，他就只是引用了诗中"好乐无荒"一句作答，而没有直言以对，更没有正面回答。他深知伴君如伴虎的道理，言多必失，因此小心为妙。

从顺宗位居储君26年间的所作所为来看，他的政治态度是谨慎的。在父皇面前，他只在一件事上发表过意见，那就是在贞元末年阻止德宗任用裴延龄、韦渠牟等为宰相的事。

德宗晚年时期，由于在位时间过长，对大臣的猜忌和防范心日益加重，不再假权宰相，结果使身边的奸佞小人得到信任和重用，如裴延龄、李齐运、韦渠牟等人，依靠德宗的宠幸，因间用事，刻下取功，排挤诬陷陆贽等人。普天之下，对裴延龄等人借盘剥黎民、聚敛财富，大家都是敢怒不敢言。而身为太子的顺宗，总是找机会在父皇心情好的时候从容论争，指出这些人不能重用。所以，德宗最终没有任用裴延龄、韦渠牟入相。

但是，顺宗对其他的事情总是三缄其口，更不敢轻举妄动。每逢在父皇跟前谈事论奏，他总是严肃有余，即使对皇帝身边亲信的宦官，也不曾假以颜色，把个人的喜怒哀乐都深藏心底。对朝廷上下的人物，他基本上也是不即不离、若即若离的。然而，这些其实都是表面现象。顺宗位居储君期间，也并非对天下大事和朝廷政治漠不关心，他身边的王伾和王叔文等人，就经常和他一起谈论天下大事和民间疾苦。

有一次，王伾、王叔文和其他一些侍读畅谈天下政事时，涉及当时一些比较敏感的弊政，顺宗就对他身边的人说："我准备把这些弊政向父皇直言，以便能够改正。"

刘禹锡像众人一样，对此举表示称赞，只有王叔文一言不发。

等众人都退下后，顺宗单独留下王叔文，问他："刚刚你为何不说话？是不是有什么深意？"

王叔文回答说："我得到太子殿下的信任，有一些意见和见解，哪能不向殿下奉闻呢！我以为，太子的职责乃在于侍膳问安，向皇上尽忠尽孝，不适宜对其他的事品头论足。皇上在位时间长了，如果怀疑太子是在收买人心，那殿下将如何为自己辩解？"

顺宗听完后，恍然大悟，既紧张又感激地对王叔文说："如果没有先生的这番点拨，我怎么能够明白这其中的奥妙啊！"

从此，顺宗遇事行事更加谨慎，绝不多言多语，遇到实在要作决定的事情，都先找王叔文和王伾等人商量一下。也正因为如此，顺宗的一生才过得比较平安。

◎故事感悟

作为历史上做储君时间最长的皇帝，唐顺宗自有自己的保身之道。他谨言谨行，无论什么时候都小心翼翼，不轻举妄动。也许有人会说，做这样的储君真是有点窝囊。但是，每个人有每个人的活法，而且顺宗在这期间也是有自己的一些建树的。

◎史海撷英

唐顺宗的政治小集团

唐顺宗在做太子期间，不仅暗中十分关注朝政，身边还形成了一股政治势力，组成了一个以"二王"为中心的东宫政治小集团。

在这个小集团中，以王伾和王叔文为集团的核心。在他们周围，还有一批年富力强的拥有共同政治理想和政治目标的成员。这些成员当时都是一些知名人士，其中最著名的就是刘禹锡和柳宗元。

另外，集团中还有王叔文的旧交凌准、善于筹划的韩泰、英俊多才的韩晔（宰相韩滉同族子弟）、精于吏治的程异以及陈谏、陆质、吕温、李景俭、房启等人。他们基本上都属于朝廷御史台和六部衙门的中下层官员，经常在一起谈论国事，逐渐也都成为这一集团的重要人物。

对于这些人员，历史上习惯以所谓"二王刘柳"相称。也就是把王伾和王叔文以及刘禹锡和柳宗元作为了东宫集团的代表人物。

◎文苑拾萃

《顺宗实录》

《顺宗实录》作于元和十年（815年），共五卷，唐代韩愈主撰，沈传师、宇文籍参撰，李吉甫监修。《顺宗实录》按时序记述了唐顺宗李诵在位八个月间的事迹，并上溯李诵在藩邸的情况，下延死后葬于丰陵。共计一万两千五百余字。

有后人认为，作者韩愈和宦官俱文珍等人关系密切，因此这一实录中涉及宦官的文字语多回护，但毕竟是留下了有关唐顺宗及其有关时期情况的第一手记录，因而也便显得弥足珍贵。

刚柔并举，进退有法

◎任事在人后，见事在人先，以之涉斯事，庶几无尤焉。——袁枚

范文程（1597—1666年），汉族人，字宪斗，满族旗属镶黄旗，号辉，是宋朝大学士范仲淹的第十七世孙。范文程祖籍江西，出生于辽东沈阳卫（今沈阳市），是清朝声名卓著的开国宰辅、文臣领袖。天命三年（1618年），努尔哈赤攻陷抚顺，范文程"仗剑谒军门"，参加后金政权。清太宗时，范文程为主要谋士之一，他深受倚赖，凡策反汉族官员、进攻朝鲜、抚定蒙古、国家制度的建设等等，他都参与决策，对清朝的建立与巩固起到了重要作用。

范文程21岁投奔到努尔哈赤麾下。尽管努尔哈赤"轻贱汉人，抚养满州"，但凭着一颗忠心，范文程还是很快便取得了努尔哈赤的信任。

到皇太极继承汗位时，范文程更是安邦定国、运筹帷幄，因而深得皇太极的信赖和恩宠。皇太极死后，爆发了满州贵族内部争夺帝位的斗争，不少人被黜被杀，但范文程却仍然保持着谋臣的公允地位，超然于斗争漩涡之外，没有陷进去。

顺治帝即位时，摄政王多尔衮独揽大权。在明朝灭亡之初，范文程曾建议多尔衮率军入关，夺取中原，配合得十分默契。之所以如此，主要是他有自知之明，依靠自己的智慧，应付自如，终于功成名就。

但是在进入北京以后，随着范文程声望的提高，自然会与大权独揽的摄政王多尔衮发生矛盾。多尔衮为了加强自己的影响，便摒弃了范文程所提倡的争取民心的宽厚政策，而范文程对多尔衮的做法却并未随声附和。

顺治三年（1646年），多尔衮对范文程发出警告："现在国家各项事务各有专属。"用以限制范文程的权力。

之后，多尔衮又对范文程说："你们这些内官对于国家事务应及时报告。"

而范文程却回答说："文程等朝夕在王左右，凡有闻见，无不面启，候取进止，毋庸具体敷陈。"范文程依然故我，终于在顺治三年与多尔衮的矛盾激化。

这年八月，甘肃巡抚黄图安呈请终养，多尔衮便以范文程擅自关压辅政王济尔哈朗为借口，将范文程"下法司勘问"。虽然未被罢官，但范文程的权力却被限制和削弱了。范文程只好处处小心，谨言慎行。

顺治五年，满洲贵族权力斗争激化，多尔衮革去了济尔哈朗亲王的爵位，幽毙了肃亲王豪格。不久，多尔衮便命亲信大学士刚林、祁充格同范文程一起删改太祖实录。

这是一件关系重大的事情，一旦政局变化，就将招来杀身之祸。但如果违命不从，也将会获罪。范文程为了保全自己，凭借自己的机智和谨慎，终于化险为夷。他以养病为由，闭门不出，使自己不致更深地陷入到删改太祖实录的活动当中。

结果果然不出范文程所料，多尔衮死后仅仅两个月，便被控犯有"谋逆"罪，顺治帝下诏"削爵撤庙享"。追论其罪，自然牵连出删改太祖实录的罪行，结果刚林和祁充格等人被杀，而范文程却安全地躲过了这场大灾难。

范文程的"古直士之风"深受顺治帝福临的欣赏，顺治称赞他"在盛京时不附贝勒，后亦不附睿亲王，众所共知"。顺治十一年，范文程官加少休兼太子太保，后又加升为太傅兼太子太师。到顺治十四年，范文程又恩诏加秩一级，其画像也被收藏于皇宫。

尽管这样，范文程为人依然谦虚谨慎。顺治九年，在他受命"监修太宗实录"时，他知道自己一生所进的奏章多关系到重大的决策问题，为了避免遗下祸根，便将草拟的奏章一概焚毁，而在实录中所记下的，也不足十分之一。

顺治十一年，范文程开始上疏称病，请求休养。最后，顺治帝才"暂令解任"。

范文程功成引退后，"辟东皋为别业，稍构亭馆，杆卉木，引亲故，徜徉其中，时以诗书骑射课子弟，性廉谨好施与"，平安地度过了晚年。

康熙五年（1666年），范文程逝世，终年69岁。清廷对他的死深为痛惜，年轻的康熙皇帝亲撰祭文，赐葬怀柔的红螺山，立碑以记其功绩。后来，康熙皇帝还亲书"元辅高风"横额，挂在范文程的祠堂，对他的一生功绩给予了极高的评价。

◎故事感悟

范文程可算得上是有气节、有智慧的君子。他处险不惊，敢于碰硬，又谨小慎微，不但保身，又可固权。在错综复杂的政治斗争中，他有勇气、有智谋，坚持原则而又自保其身，算得上是一个明智而又坚定的君子。

◎史海撷英

范文程的个人成就

范文程任职期间，曾大胆地提出，治理天下首先在于会用人。他针对清朝重满族轻汉族和任人唯亲大搞宗派的弊政提出了建议，建议朝廷各部院大臣都应该推荐人才，"不论满汉新旧，不拘资格，不避恩怨，取真正才守之人"去充当各级官吏。

范文程的这种选拔、培养人才的方法，博得了顺治皇帝的赞许。顺治十一年（1654年），清廷为了表彰范文程的功绩，加少保兼太子太保，后又加升太傅兼太子太师；到顺治十四年（1657年）又恩诏加秩一级，并将其画像收藏在皇宫之内。

◎文苑拾萃

中秋日闻海上捷音

（清）康　熙

万里扶桑早挂弓，水犀军指岛门空。

来庭岂为修文德，柔远初非黩武功。

牙帐受降秋色外，羽林奏捷月明中。

海隅久念苍生困，耕凿从今九壤同。

第三篇

严谨成大家之风

万世师表孔子

◎知之为知之，不知为不知，是知也。 ——《论语》

孔丘 （公元前551—前479年），字仲尼，排行老二，汉族人，春秋时期鲁国人。孔子是我国古代伟大的思想家和教育家，儒家学派创始人，世界最著名的文化名人之一，与孟子并称"孔孟"。他编撰了我国第一部编年体史书《春秋》。据有关记载，孔子出生于鲁国陬邑昌平乡（今山东省曲阜市东南的南辛镇鲁源村）；孔子逝世时，享年73岁，葬于曲阜城北泗水之上，即今日孔林所在地。孔子的言行思想主要载于语录体散文集《论语》及先秦和秦汉保存下的《史记·孔子世家》。

孔子生于春秋末期，是儒家思想、学术流派的创始人。在历史上，儒家思想作为影响深远的思想、学术流派是毋庸置疑的。他可称得上是万世师表，是学而不厌诲人不倦的师者表率，是我国历史上最早也是最伟大的教育家。司马迁在《史记·孔子家世》中盛赞孔子是"高山行止，景行行止"的伟人。孔子学识渊博、严谨，是治国安邦的政治家也是保守的思想家。

"仁爱"是孔子的思想核心，诲人不倦的教育理念和严谨治学的精神也是他的思想精华。

2000多年前的春秋战国时期是我国文化、思想最活跃的时期，诸子百家都在寻觅治国、强国的方略，选聘谋士，逐渐形成了一个知识阶层，各种学术流派、思想流派显露各自的主张和才能，纷纷著书立说，形成百花齐放、百家争鸣的局面。

孔子聚众讲学，尤其自齐返鲁，无意仕途，退而修诗、书、礼、乐以授徒，在选定教材中边选边定，边教边修。

《诗》又称《诗经》，是孔子从民间或官场中流传的3000多首诗中优选了305篇，所以又称"诗三百"。其中国风160篇，雅诗（大雅、小雅）105篇，颂诗40篇。孔子编订的《诗》以诗六义授弟子，孔子曰："兴于诗"，"立于礼"，"成于乐"，"不学诗无以言"。在当时官场上和知识阶层中，都把"诗"中的名句作为流行、时尚的交流语言，引经据典就讲诗曰诗云。孔子删定的《诗经》，为我国诗坛留下了极其宝贵的文化遗产。

孔子还编撰了《礼记》、《乐记》。原来的六经《易》、《书》、《诗》、《礼》、《乐》、《春秋》，因《乐记》的遗失而成了"五经"。

孔子自编、自选、自定教材，这种发愤忘食、乐以忘忧的严谨治学精神，令后人万世敬仰，为我们师者起了极伟大的示范作用。

"知之为知之，不知为不知，是知也"。几乎人人都知道孔子这句话，这是孔子做学问的态度——治学严谨、求实。他曾说："夏礼，吾能言之，杞不足征之；殷礼，吾能言之，宋不足征也。文献不足故也，足则吾能征之矣。"意思是说，夏朝的礼，我能说出来，但它的后代杞国不足以作证明；殷朝的礼，我能说出来，但它的后代宋国不足以作证明。这是杞国、宋国资料和熟悉历史的贤人不够的缘故。如果资料充足，那么我就可以用来作证明了。这足以说明孔子治学严谨、扎实的态度。

孔子一生勤奋好学，博学多才，诲人不倦，是万世师表，为举世公认。孔子在答子贡时曾说："赐也，汝以予为多学而识之者与？"孔子又说："非也，予一以贯之。"意思是说：子贡，你以为我学了很多知识，又都记住的吗？不是的，我只是能够用一个根本的观点来贯穿它们。这就告诉我们，研究学问要抓重点，掌握事物的基本规律。而要做到这一点，就要求我们做好调查研究工作，收集大量的资料，把握事物发展的规律，跟上形势发展的需要，不论是理论研究还是实例研究，都应该坚持言之有物，言之有据，言之有理，切忌空谈。

正是因为孔子这种严谨的治学处世态度，才让他成为了万世之师。

◎故事感悟

要想成为千古的圣贤，没有严谨的态度和不断追求真理的精神是行不通的。孔子学富五车，名扬四海，尚且如此严谨认真，更不用说我们这些平凡的人了！

◎史海撷英

孔子家世

据《史记·孔子世家》记载，孔子的祖先原本是殷商的后裔。在周灭掉商后，周成王便封商纣王的庶兄、商朝忠正的名臣微子启于宋，建都商丘（今河南商丘一带）。微子启死后，其弟微仲即位，即为孔子的先祖。

孔子的六代祖名叫孔父嘉，是宋国的一位大夫，曾做过大司马，后在宫廷内乱中被杀。自孔父嘉后，其后代子孙便开始以孔为姓。其曾祖父孔防叔为逃避宋国内乱，从宋国逃到了鲁国。从此，孔氏便在陬邑定居，成为鲁国人。

孔子的父亲为叔梁纥，母亲为颜徵在。叔梁纥是当时鲁国有名的武士，曾建立过两次战功，曾因单臂托住悬门让冲进城池的部队撤出而闻名。叔梁纥先娶妻施氏，生有9个女儿，没有儿子。后来又娶妾，才生了一个儿子，便取名伯尼，又称孟皮。孟皮的脚有毛病，依照当时的礼仪，孟皮不宜继嗣，于是又与年轻女子颜徵在生了孔子。

公元前551年（鲁襄公二十二年），孔子生于鲁国陬邑昌平乡（今山东曲阜市东南）。因父母曾为生子而祷于尼丘山，故名丘，字仲尼。

孔子19岁时，娶宋国人丌官氏为妻，一年后丌官氏生子。鲁昭公曾派人送鲤鱼表示祝贺，孔子感到十分荣幸，便给儿子取名为鲤，字伯鱼。鲁哀公十年（公元前485年），孔子的夫人丌官氏去世。

◎文苑拾萃

孔　子

（宋）王安石

圣人道大能亦博，学者所得皆秋毫。

虽传古未有孔子，蠛蠓何足知天高。

桓魋武叔不量力，欲挠一草摇蟠桃。

颜回已自不可测，至死钻仰忘身劳。

司马光的严谨学风

◎持身之法，太矜庄则有迫切之失，太疏略则有荡佚之失。学者应是严谨中见浑厚，简易处著精明。——陆世仪

　　司马光（1019—1086年），北宋时期著名史学家、散文家。司马光，字君实，陕州（今山西夏县）涑水乡人，世称涑水先生，仁宗宝元二年（1039年）进士。庆历八年，司马光官大理寺丞，召试，授馆阁校勘。累除知制诰，改天章阁待制，知谏院。英宗朝，任龙图阁直学士，改右谏议大夫。神宗时，擢翰林学士，判西京留司御史台，拜资政殿学士。因竭力反对王安石变法，熙宁四年（1071）离朝退居洛阳。哲宗即位次年，任尚书左仆射、门下侍郎，废除新法。同年司马光卒，封温国公，谥文正。著有《司马文正公集》、《稽古录》。司马光一生大部分精力都奉敕编撰《资治通鉴》，共费时19年。

　　司马光是北宋时期著名的史学家、散文家，同时他也参与政治。在政治上，他是保守的，但在史学方面，他的成就又是辉煌的。他主编的《资治通鉴》同西汉司马迁的《史记》是史学史上的两颗明珠，至今仍为世人所推崇。

　　《资治通鉴》记载了上起战国周烈王、下至五代周世宗的1362年的历史。全书294卷，还有考异、目录各30卷，其规模之大，令人叹服。

　　司马光为了编定《资治通鉴》翻阅了大量的书籍资料。宋神宗下旨，允许他借阅"集贤"、"昭文"、"史馆"三大书库的所有书籍，并特许可借阅"龙图阁、天章阁及秘阁"的藏书。宋神宗还将自己私藏的2400余卷书献出来，供司马光参考。除此之外，司马光还参阅了大量的野史、谱录、正集、别集、墓志等资料，共222种，计3000多万字。

　　司马光学风严谨，对自己要求很严格。他为自己规定，每三天修改一卷。一卷史稿四丈长，平均一天修改一丈多，若遇事耽误了，事后必须补上。每天晚上他总是让老仆人先睡，自己点上蜡烛工作到深夜，第二天凌晨又起身继续工作。天天如此，19年如一日。夜里，他怕因困乏睡过了头，便让人用圆木做了个枕头，木枕光滑，稍稍一动，头即落枕，人便惊醒。后人称此枕为"警枕"。

司马光的住处夏天闷热，无法工作，司马光便让人在屋子里挖一个大坑，砌成一间地下室。地下室冬暖夏凉，成了他编书的好地方。而当时的大官僚王宣徽每到夏天便到他名园的高楼上避暑享受，人们笑说："王家钻天，司马入地。"司马光修改过的书稿堆满了整整两间屋子。书法家黄庭坚曾看过其中的几百卷，发现这些书稿全部是用工笔楷书写成的，没有一个草字。

司马光曾问他的好友邵雍："你看我是怎样的一个人？"

邵回答说："君实，脚踏实地人也。"

意思是说，司马光研究学问严谨刻苦，踏实认真。这就是"脚踏实地"成语的来源。

司马光为了编写《资治通鉴》，整整花了19年的时间。在开始编写时，司马光48岁；编完时，他已是66岁的老人了。在这19年中，司马光"秉烛至深夜，警枕破黎明"，而且他常常为了一个小小的不确定的内容而花很多的时间去寻找资料求证，绝不轻易下笔，可谓严谨异常。

长期的伏案工作耗尽了他的心血，刚过60岁，他便视力衰退，牙齿脱落，面容憔悴。《资治通鉴》写成后，还没等出版，司马光便与世长辞了。

为了悼念这位伟大的史学家，皇帝宋哲宗亲自临丧，并下旨为他举行隆重的官葬。家乡山西夏县的人们为纪念他，特为他建了墓碑亭，树起一块巨碑，这块巨碑连同底座高达9米，比帝王神道碑和墓碑还要高大。碑额刻有宋哲宗的御篆"忠清粹德之碑"的字样，大文学家苏东坡为其撰写了碑文。

◎故事感悟

《资治通鉴》是中国第一部编年体通史，司马光用他独有的严谨作风，呕心沥血，耗时19年才完成。作为一部具有重要历史价值的专著，司马光没有丝毫

含糊，用严谨的文风、严谨的工作态度，还原历史的真实，让我们看到了那些真实存在的历史。他的这种精神，更是我们学习的榜样。

◎ 史海撷英

青年时期的司马光

司马光从小便勤奋好学，尤其爱读史书。在7岁那年，司马光听老师讲《春秋左氏传》，很感兴趣。回家后，他就头头是道地讲给家人听，大家都很惊奇。《春秋左氏传》对童年时代的司马光产生了很大的影响，后来他之所以能写出《资治通鉴》这样的历史巨著，也是与这部书对他的影响分不开的。

司马光20岁时考中了进士，但他继续刻苦学习，一有空就钻研历史。司马光发现，自古以来的历史著作虽然繁多，但却缺乏一部比较系统完整的通史。他想，如果能有这样一部通史，把我国的历史从古到今系统地加以介绍那该多好。于是，他决心自己动手来编。

该怎样编写这部书呢？经过反复的考虑，司马光决定采用编年体的形式，也就是按年代的顺序来编写。他对人说："我要采纳各种各样的说法，写成一家之言。"

体裁确定以后，司马光用了两年时间，写成了一部从战国到秦末的史书。这部书有八卷，名叫《通志》。这也是后来《资治通鉴》的雏形。

◎ 文苑拾萃

西溪公宴二首

（宋）司马光

五马非从乐，西城念劝功。

翠帷低映水，红旆不胜风。

叶脱青山静，云归碧落空。

淹留尽佳兴，新月渐朦胧。

范仲淹家风严谨

◎取之有度，用之有节，则常足。——《资治通鉴》

范仲淹（989—1052年），字希文，原名朱说，北宋政治家、文学家、军事家，谥号"文正"。汉族。祖籍陕西彬州（今陕西省咸阳市彬县），生于苏州吴县（今江苏省苏州市）。真宗大中祥符八年（1015）进士，恢复范姓，后官至参知政事（副宰相）。

宋代范仲淹写的《岳阳楼记》人们都很熟悉，其中"先天下之忧而忧，后天下之乐而乐"的名句更是家喻户晓。可人们不一定知道，他还是一位善于带兵打仗的军事家，敢于兴利除弊的政治家。此外，他还是一位教子有方、厉行严谨家风的好父亲。

范仲淹小时候家里贫穷，所以他十几岁才开始上学读书。为了读书，范仲淹过着十分艰苦的生活，每天只熬一锅粥，待冷了凝成粥冻以后，每餐就用几条咸菜下粥，最终成长为一个很有学问的人。

做官以后，范仲淹也牢记穷苦百姓，以"先忧天下"为座右铭。他对两个儿子更是严格要求，经常将自己艰苦求学的故事讲给他们听，要他们保持勤俭家风。在他的教导下，两个孩子都很懂事孝顺，也都学有所成。

二儿子范纯仁结婚前，提出把婚事办得有排场一些，还想购置一些上等的物品，认为这是一生的大事，破费一点也是应该的。但他深知父亲的脾气，便列出一张清单征求父亲的意见。范仲淹看后皱起了眉头，然后摇摇头说："这太过分了，哪能这么铺张！"

说完见儿子低头不语，不像平时那样乐意地听取自己的意见，范仲淹又亲切地说："孩子，我不是舍不得花钱。我也知道是亲家那边想风光一下，但我们在任何时候都不能丢掉范家的家风，不能忘记先忧天下的信条啊！"

一席话说得深明事理的儿子点头称是，忙把清单改了又改，最后只办了一个简朴大方的婚礼，受到了人们的称赞。

范仲淹老了以后，儿子见他还住在简朴的老房子里，于心不忍，就想给他造间大宅养老。有一天在吃饭的时候，儿子提出了给他盖大房子的建议。范仲淹听后脸色一沉，说什么也不同意。他认为自己现在的房子虽比不上他的同僚们，但已经比大多数人的居住条件好多了。

儿子们听了父亲的教诲，遵从了他的意见，就将父亲积攒的俸禄拿来周济贫困亲友、部下和老百姓，对此，范仲淹欣慰地笑了。

◎故事感悟

有其父必有其子，家庭的教育和影响对孩子的成长十分重要。范仲淹深知这一点，他本着自己对生活的理解和信仰，对儿子实行严谨的家教，教子从俭。正是这样严谨的家风，让儿子们也学会了做人的道理，懂得如何去约束自己。

◎史海撷英

范仲淹的仁慈之心

范仲淹在担任邠州的地方官时，有一天闲暇无事，他就带同僚属下登上高楼，设置酒宴。还没等举杯饮酒，范仲淹就看到几个披麻戴孝的人在营造下葬的器具。范仲淹不但没有十分气愤，还马上派人去询问他们。

原来是一个客居在邠州的读书人死了，准备埋葬在近郊，但是棺材、墓穴和其他送葬器物都还没有着落。范仲淹听后，露出哀悼的神情，并命令立即撤去酒席，还给丧家一笔可观的钱，让他们办丧事。参加宴会的客人中，有的为此感动得流下了眼泪。

◎文苑拾萃

"一家哭怎么比得上一路哭呀"

北宋庆历年间，实行庆历新政。范仲淹为了贯彻新政，特地派了一批"按察使"到各地去视察，然后根据按察使送回来的报告把那些不能胜任的官员一一从登记簿上除名。

有一个大官，看到范仲淹勾掉了很多官员的名字，非常吃惊，劝告他说："一笔勾掉一个名字很容易，可是，被勾掉的一家人都得哭了。"

范仲淹回答说："一家哭怎么比得上一路哭呀！"（宋代的路相当于现在的省）

这句话说得很深刻。把一个坏官除名，只不过影响那个官员的一家；但如果让他继续为官，将有多少人受害而哭啊！

然而，范仲淹的改革并没有解决社会的根本问题。而且在实行新政的过程中还触动了一些封建贵族的利益，遭到了许多保守官僚的反对。所以，庆历新政只推行了一年多范仲淹就被降职，他的改革也跟着失败了。

欧阳修文风严谨

◎欧阳当日文名重，更要推敲畏后生。——《小仓山房诗文集·遣兴》

> 欧阳修（1007—1073年），字永叔，号醉翁，又号六一居士。他出生于绵州（今四川绵阳），是北宋时期政治家、文学家、史学家和诗人。欧阳修与韩愈、柳宗元、王安石、苏洵、苏轼、苏辙、曾巩合称"唐宋八大家"。仁宗时，欧阳修累擢知制诰、翰林学士；英宗时，官至枢密副使、参知政事；神宗朝，迁兵部尚书，以太子少师致仕。卒谥文忠。

　　欧阳修是北宋著名的文学家。他的诗文名满天下，传于后世。之所以有如此成就，不能不归功于他严谨的态度和文风。

　　据《宋稗类钞》记载：有一次，欧阳修替人写了一篇《相州锦堂记》，其中有这样两句："仕宦至将相，富贵归故乡。"交稿后，他又推敲了一下，觉得不妥，便派人骑快马将稿子追回，修改后再送上。来人接过改稿，草草一读，很是奇怪：这不还和原稿一模一样吗？仔细研读后才发现，全文只是将"仕宦至将相，富贵归故乡"改成了"仕宦而至将相，富贵而归故乡"，快马追回的只是两个"而"字。但他反复吟诵后，才发现个中妙处。

　　原来，改句中增加了两个"而"字，意义虽未改变，但是读起来语气由急促变为舒缓，音节和谐，增加了语言抑扬顿挫的音乐美。

　　欧阳修所写滁州的诗文，对滁州山水之美作了极其生动、实在的描绘，所写均为亲身所见，他的诗文认真严谨，没有虚构。如在《醉翁亭记》中写琅琊山，以"林壑尤美"、"蔚然深秀"概括，同时以简练的笔触写出了琅琊山早晚和四时的景色："日出而林霏开，云归而岩穴暝，晦明变化者，山间之朝暮也。野芳发而幽香，佳木秀而繁阴，风霜高洁，水清而石出者，山间之四时也。"

欧阳修在《丰乐亭记》中则写道："风霜冰雪，刻露清秀，四时之景，无不可爱。"

他的许多诗写景寄情，语言精美，读后同样令人流连。如他在《题滁州醉翁亭》中写道："但爱亭下水，来从乱峰间。声如自空落，泻向两檐前。流入岩下溪，幽泉助涓涓。响不乱人语，其清非管弦。"真是美不胜收！因此，后人在醉翁亭不远处建了听泉亭，让人们不断体会这美好的诗意。

又如他的《琅琊山六题》，对琅琊山归云洞、琅琊溪、庶子泉等各个景点都作了生动的描绘。虽然每首诗只有四句，但尽用点睛之笔，字字珠玑。他是用对滁州山水的真爱之情写作出来的。

欧阳修描写滁州及琅琊山的诗文，以其诗文的质量及其个人的人品、地位，吸引了许多文人墨客、达官显贵竞相来滁州探幽访胜。欧阳修在滁时，有的是直奔欧阳修而来；欧阳修离滁后，则因欧公之诗文以及欧公之遗迹而来。他们在这里不仅留下足迹，也留下墨迹，日积月累，描写琅琊山及滁州的诗文已难以计数。

1988年，《琅琊山志》选录欧阳修及其以后的各代诗篇150余首（包括部分当代诗歌），依然只是全部琅琊山诗文的一部分。用"有形资产"和"无形资产"的现代词汇来说，欧阳修无论从哪一方面都给滁州留下了宝贵的财富。

◎故事感悟

没有严谨治学的态度，就写不出完美的诗文；没有严谨求实的文风，就写不出精美的词句。欧阳修用他严谨的态度创造出了伟大的文学作品，为滁州及琅琊山今日文学的繁盛奠定了坚实的基础。

◎**史海撷英**

欧阳修行文求简

欧阳修在翰林院任职时，一次，他与同院三个下属出游，见路旁有匹飞驰的马踩死了一只狗。欧阳修提议："请你们分别来记叙一下此事。"

只见一人率先说道："有黄犬卧于道，马惊，奔逸而来，蹄而死之。"

另一人接着说："有黄犬卧于通衢，逸马蹄而杀之。"

最后第三人说："有犬卧于通衢，卧犬遭之而毙。"

欧阳修听后笑道："像你们这样修史，一万卷也写不完。"

那三人于是连忙请教："那你如何说呢？"

欧阳修道："'逸马杀犬于道'，六字足矣！"

三人听后脸红地相互笑了起来，比照自己的冗赘，深为欧阳修为文的简洁所折服。

◎**文苑拾萃**

踏莎行

（宋）欧阳修

候馆梅残，溪桥柳细。草薰风暖摇征辔。

离愁渐远渐无穷，迢迢不断如春水。

寸寸柔肠，盈盈粉泪。楼高莫近危栏倚。

平芜尽处是春山，行人更在春山外。

严谨不苟终成大家

◎学者功夫，需要极细密，越细密越广大。——章懋

鲁迅（1881—1936年），浙江绍兴人，原名周树人，字豫山、豫亭，后改名为豫才。鲁迅是中国文学家、思想家、革命家和教育家。他出身于没落封建家庭。1902年去日本留学，原在仙台医学院学医，后从事文艺工作，他希望用以改变国民精神。1918年5月，他首次用"鲁迅"的笔名发表了中国现代文学史上第一篇白话小说《狂人日记》，奠定了新文学运动的基石。五四运动前后，鲁迅参加《新青年》杂志工作，成为"五四"新文化运动的主将。1930年起，鲁迅先后参加中国自由运动大同盟、中国左翼作家联盟和中国民权保障同盟，反抗国民党政府的独裁统治和政治迫害。1936年10月19日，鲁迅因病逝于上海。

　　鲁迅先生不仅是一位热情的战士，也是一位冷静的学者。他的治学精神和他那勇敢的战士精神一样，黑白分得很清楚。他在学问上也是决不妥协的，如果要研究什么，他便把握住它，丝毫不肯放松。

　　鲁迅先生在三味书屋读书时，喜欢种花，就向师友要来花籽，对照《花镜》一盆一盆地栽种，并且一一插上标签，标明花名、品种、习性等，然后认真观察，仔细研究。当他发现实际种植中与书上所记载的不同时，就根据实践经验，加上自己的批注。他读过的《花镜》一书上，这样的批注就有很多。

　　自从新艺术的理论被介绍到中国来以后，从根本上介绍得最多最好的还只有他一个人。鲁迅有许多出版的书籍，自校对到封面的装帧，全部出于自

己之手。他校对时，一个字一个字地细校，决不苟且，决不马虎放过，决不肯有半点儿放松。不马虎，不苟且，从根本上做工夫，这便是他的治学精神。

能反映鲁迅治学严谨、细致精微的学术作风的，要算他辑录的《嵇康集》这部著作了。鲁迅对嵇康这位三国魏末的著名文学家有着特殊的感情，对《嵇康集》一校再校，投入了大量精力，付出了艰苦的劳动。他的挚友许寿裳回忆说："自民二以后，我常常见鲁迅伏案校书，单是一部《嵇康集》不知道校过多少遍，参照诸本，不厌精详，所以成为校勘最善之书。"

在抄校、辑录古籍的同时，先生对佛学也进行了深入的钻研。1914年，鲁迅大量购买佛经和佛学书，几近全年购书的一半，有些佛书鲁迅还精心地抄录下来。

1915年以后，鲁迅又开始潜心金石学的研究。为了搜集各种拓片，鲁迅不遗余力，频繁地出入琉璃厂与小市，购进大量的碑帖拓片和古代器物。鲁迅一生收集的6000种拓片，大部分是在这个时期购进的。

拓片搜集到手，鲁迅便在会馆默默地抄录、校勘古碑，整理和编制金石目录。这是一项极为细致、费时费力的工作。这一时期的《鲁迅日记》中经常出现"录碑"、"夜校碑"的记载。

1917年1月22日，《鲁迅日记》记道："旧历除夕也，夜独坐录碑，殊无换岁之感。"除夕之夜，家家都在忙着吃年夜饭，合家团聚，而先生却独自一人坐在会馆的煤油灯下，聚精会神地录碑。鲁迅是寂寞的，可一旦沉入浩瀚的中国文化长河中，便感到有大量优秀的传统文化精华需要发掘和整理，有许多迫切的工作等待他去做。

这一时期，鲁迅先生亲手抄录的各朝代古碑约有1721页，保存至今的《金石萃编校文》中共校碑90余种，每种均有鲁迅的校文或按语。他校出并补正了《金石萃编》的200多处缺漏和错误，立意要精密地写成一本可信的定本。

辑录校勘古籍、抄写考证古碑、研究佛经和石刻画像的生活，体现了他严谨治学的态度，又为他以后的文学战斗生涯打下了坚实的基础，也为整理祖国文化遗产作出了重要贡献。1920年以后，先生在北大以及其他几所大学教授中国小说史的课程，并写出了《中国小说史略》、《汉文学史纲要》等重要学术著作，正是先生在会馆中潜心整理、研究古籍的成果。

◎故事感悟

大凡能静下心来，用严谨不苟的态度去钻研一件事情的人，必然能成大事。作为伟大的文学家、思想家、革命家和教育家，鲁迅始终用这种严谨的精神去做每一件事情，这是非常值得我们学习的。

◎史海撷英

鲁迅弃医从文

在最初，鲁迅认为国弱是因为中国人的体质弱。但后来才发现，其实并非如此。

在日本，作为一个弱国子民的鲁迅，经常受到具有军国主义倾向的日本人的高度歧视。在日本人的眼睛里，凡是中国人都是"低能儿"，鲁迅的解剖学成绩是95分，就被他们怀疑为担任解剖课的教师藤野严九郎把考题泄露给了他。这使鲁迅深感作为一个弱国子民的悲哀。

有一次，在上课前放映的幻灯画片中，鲁迅看到一个中国人为俄国人做侦探，被日本军队捉住杀头，一群中国人却若无其事地站在旁边看热闹，鲁迅受到了极大的刺激。这时他已经认识到，精神上的麻木比身体上的虚弱更加可怕。要改变中华民族在世界上的悲惨命运，首要的是改变所有中国人的精神，于是，他希望通过文字唤醒民众的觉悟，从而达到在中国人的思想上得到刺激的"医效"。

于是，鲁迅弃医从文，离开仙台医学专门学校，回到东京，翻译外国文学作品，筹办文学杂志，发表文章，从事文学活动，并从此走上了一条文学救国的道路。

◎文苑拾萃

新文体运动

新文体运动是近代文学史上改良运动的重要内容之一。

在新文体运动中，影响最大的是梁启超。他不仅是新体散文的倡导者，而且成就也最大。他自称"夙不喜桐城派古文"，打破了"幼年为文，学主魏晋，颇尚矜炼的束缚，自求解放"，"务为平易畅达，时杂以俚语，韵语及外国语法，纵笔听至不检来"，"而条理明晰，笔锋常带感情，对于读者，别具一种魅力"。

新文体运动的典型代表作品是梁启超的《少年中国说》。在这篇作品中，梁启超充分发挥了散文的宣传教育作用，使之成为政治斗争最有力的工作。新文体运动对一切传统古文是一次猛烈的冲击，为晚清的文体解放和"五四"时期的白话文运动开辟了道路。

朱自清考证"月夜蝉声"

◎君子盛德而卑，虚己以受人。——韩婴

> 　　朱自清（1898—1948年），原名自华，字佩弦，号秋实。朱自清原籍浙江绍兴，生于江苏省海州，是现代散文家、诗人、教授。1920年，朱自清毕业于北京大学哲学系，学生时代他即创作新诗，后又从事散文写作。1920年秋，朱自清创办《诗刊》。1925年，到北京清华大学中国文学系任教，不久任系主任。抗日战争时期，任西南联合大学教授。抗战胜利后，仍在清华大学任教，并积极支持反对国民党独裁统治的学生运动。1948年8月20日，朱自清因贫病在北平逝世。朱自清一生著有散文集《背影》、《欧游杂记》、《你我》、《伦敦杂记》，文艺论著有《诗言志辨》、《记雅俗共赏》等。

　　朱自清是我国现代著名的散文家，他一生致力于散文创作，取得了引人注目的成就。1928年出版的纪实性散文《背影》，使朱自清成为当时负有盛名的散文作家。他的散文以娴熟高超的技巧和缜密细致的风格，显示了新文学的艺术生命力，被公认为是新文学运动中成绩卓著的优秀散文作家。然而，就是这样的一位大家，却始终保持着严谨的治学态度。

　　《荷塘月色》是朱自清的一篇令人耳熟能详的佳作。这篇文章写的是盛夏时节，但文中创造的意境却没有一点儿暑气。全文格调素淡朦胧，宁静和谐，暗中浸透出的凉爽，仿佛写的不是盛夏酷暑，而是悦目宜人的初秋。读过《荷塘月色》的人，也都会记得朱自清笔下关于"月下荷塘"的一段描写："树缝里也漏着一两点路灯光，没精打采的，是渴睡人的眼。这时候最热闹的，要数树上的蝉声与水里的蛙声。"

然而，在20世纪30年代时，有一位名叫陈少白的读者写信给朱自清。他认为，这段描写有些失真，因为蝉在夜里是不叫的。

对于读者的这个质疑，朱自清很重视，特意问了好几个人，而他们也都赞同那位读者的看法。于是，朱自清又写信请教同事、昆虫学家刘崇乐。

几天后，刘崇乐便拿出一段书中的抄文，对朱自清说："好不容易才找到这一段儿！这里著者说，平常夜晚蝉是不叫的，但在一个月夜，他却清楚地听到它们在叫。"

朱自清拿到这个抄文，本可以作为自己并没有写错的证据，可是，一向治学严谨的朱自清却认为，"刘先生是谨慎的科学家，关于这问题，他自己其实没有说一个字。"既然专家都没有表态，那么那一段记录也许是个例外。

所以，朱自清在给陈少白回信时，就告诉他说，自己请教了专家，专家也说夜晚蝉是不叫的，并表示以后再版，他将删掉有关"月夜蝉声"的句子。

到了抗战初期，那位陈姓的读者在《新学生》月刊上发表文章讨论这个问题，并引用了朱自清的那封回信，同时，也引用了王安石写夜蝉鸣叫的诗句"鸣蝉更乱行人耳"（《葛溪驿》）。而在这几年中，朱自清由于"有这切己的问题在心里"，所以十分关注这个问题。他还曾两次亲耳听到过月夜里蝉发出叫声，与《荷塘月色》中所叙的有相同的地方。当他看到陈姓读者的文章时，朱自清很想写信给他，告诉他自己对昆虫学家的话有所曲解，现在自己的确听到了"月夜鸣蝉"。可是，朱自清却不知道他的地址。于是，对读者一贯认真负责的朱自清专门写了一篇题为《关于〈月夜蝉声〉》的文章，对这个问题进行了公开作答。

朱自清感慨地说："我们往往由常有的经验作概括的推论。例如由有些夜晚蝉子不叫，推论到所有夜晚蝉子不叫，于是相信这种推论便是真理。其实只是成见。这种成见，足以使我们无视新的不同的经验，或加以歪曲的解释。我自己在这儿是个有趣的例子。"

从这件小事上，我们不但可以感受到朱自清对作品、对读者极其认真负责的态度和谦和严谨的作风，更重要的是他还让我们看到了一个学者对"真"的执著追求。

◎故事感悟

朱自清用自身实例告诉我们，重实证而勿盲从，对于别人的经验，不管是古人说的、书中写的，还是"权威"讲的，都应该认真思考，敢于质疑，坚持实践求证，不能照抄照转。对于有疑问的地方，无论是别人的还是自己的，都应该坚持到实际生活中去求证，只有通过求证才能证明其正确与谬误。

◎史海撷英

朱自清宁可饿死不受美援面粉

20世纪40年代，中国百业萧条，物价飞涨，民不聊生，就连高等院校的教授的生活也难以维持了。这时，朱自清也是贫病交加，一家老少每天都只能以稀粥糊口，食不饱腹。当局为了缓和教授们的不满，便给他们发了"面粉配给证"，凭此证可以购买美国援助的平价面粉。

当时，美国驻华大使司徒雷登、驻沪总领事卡德宝大放厥词，攻击中国人民不识好歹，恩将仇报。据此，著名学者张奚若、吴晗于1948年6月17日起草了《百十师长严正声明》，反击美国政府的诬蔑与侮辱。声明的最后说："为表示中国人民的尊严和气节，我们断然拒绝美国具有收买灵魂性质的一切施舍物资，无论是购买的或给予的。下列同人同意拒绝购买美援平价面粉，一致退还配给证，特此声明。"

6月18日，吴先生拿着声明书到朱自清家中征求签名。这时，朱自清正在犯胃病，卧床不起。吴先生对朱自清说："朱先生家老少九口，日子过得特别艰难，若在声明上签字，经济损失比别的教授都大。但我还是来了，是为尊重你的意见，总之是不要勉强。"

"我的秉性，吴先生是知道的。春秋时气节之士黔敖坚持不吃嗟来之食活活饿死，傲骨可嘉，足可为人师表。故我宁可饿死，也不要带有侮辱性施舍的美援面粉。"朱自清说罢，支撑着坐了起来，毫不迟疑地拿起笔，在声明上工工整整地写了"朱自清"三个字。

当天晚上，朱自清在日记里写了下面一段话：

在拒绝美援和美国面粉的宣言上签名，这意味着每月的生活费要减少600万法币。下午认真思索了一阵，坚信我的签名之举是正确的，因为我们反对美国扶植日本的政策，要采取直接的行动，就不应逃避个人的责任。

6月21日，朱自清让夫人陈竹隐退还了"面粉配给证"。次日，他瞥见书架上还存有几张当月的面粉票，马上对妻子说："快去退了，还有小半袋面粉一并带走，干净彻底。"

到了8月12日，朱自清因病不治逝世，弥留之际曾张合嘴巴似有话说。夫人陈竹隐俯下身去，他吃力地、断断续续地说："有一件事务必牢记，我是在拒绝美援的文件上签了字的，今后无论如何困难，都不能再要配给的美援面粉。"

◎文苑拾萃

无 题

朱自清

月余断行迹，重过夕阳残。

他日轻离别，兹来恻肺肝。

居人半相识，故宇不堪看。

向晚悲风起，萧萧枯树寒。

三年于此住，历历总堪悲。

深浅持家计，恩勤育众儿。

生涯刚及壮，沈痼竟难支。

俯仰幽明隔，白头空自期。

相从十余载，耿耿一心存。

恒值姑嫜怨，频经战伐掀。

靡他生自矢，偕老死难谖。

到此羁孤极，谁招千里魂？

严谨教授　事必躬亲

◎讲到学习方法，我想用六个字来概括："严格、严肃、严密。"这种科学的学习方法，除了向别人学习之外，更重要的是靠自己有意识的刻苦锻炼。——苏步青

> 苏步青（1902—2003年），原名苏尚龙，浙江省平阳县人，著名数学家。1919年，苏步青中学毕业后赴日本留学。1927年，毕业于日本东北帝国大学数学系，后入该校研究生院，1931年，毕业获理学博士学位。1931年3月，应著名数学家陈建功之约，苏步青载着日本东北帝国大学的理学博士荣誉回国，受聘于国立浙江大学，先后任数学系副教授、教授、系主任、训导长和教务长。其间，与陈建功一起创立了"微分几何学派"。1952年10月，因全国高校院系调整，苏步青来到复旦大学数学系任教授、系主任，后任复旦大学教务长、副校长和校长。1955年，苏步青当选为中国科学院数学物理学部委员（院士），兼任学术委员会常委。苏步青曾任中国科学院学部委员、多届全国政协委员、全国人大代表，第五、第六届全国人大常委会委员，第七、第八届全国政协副主席和民盟中央副主席等职。2003年3月17日，苏步青在上海逝世，享年101岁。

苏步青是我国现代著名数学家，中国数学会的发起人之一，曾担任过中国数学会学报的主编，参与筹建了中国科学院数学研究所，后来又创办了复旦大学数学研究所，创办了《数学年刊》杂志，并任主编。

苏步青曾在一次政协委员的座谈会中提出了要提高中国中学教育的质量，关键是提高教师的质量的观点。1983年，苏步青退居二线，他从一些中学了解到，有的数学教师教学水平不高，经常发生对学生所提问的问题答错的情况，为此，他觉得十分有必要提高教师的素质。因此，苏步青便产生了为中学教师举办讲习班的想法，指导他们用高等数学的观点来看待初等数学，以

提高数学教学水平。

在上海市教育局和上海科协的组织下，苏步青前后组织了三次讲习班，第一期主要讲"等周问题"，第二期主要讲"拓扑学初步"，每一次都有60多位中学教师前来听讲。

当时，苏步青已经是一位83岁的老人了，上海市教育局担心他的身体健康，便建议他每次只上一小时课，助手上一小时课。但苏步青却全部包下讲解。

为了准备教材，苏步青早在半年前就开始动笔写了，而且还拿其中的材料在复旦大学数学系给部分高年级老师讲解，通过观察这些老师们的反应来对讲稿进行修改和补充。为了便于教学，他还制作了一批示教图，讲课时通过投影仪边放映边讲授。

苏步青退休后，依然热爱教书。他曾写道："安得教鞭重在手，弦歌声里尽余微。"在讲"拓扑学初步"时，正是数九寒冬的天气，在离上课前还有20分钟时，苏步青就已经到上海教育学院，走进课室在黑板上画起了12面体图形。

他的助手刘鼎元副教授要先帮他画，他说："不必，我还画得动，很快就可以完成。"他能自己动手，就不假手于他人。

9时整，正式上课。苏老站在讲堂上，身体挺直，精神抖擞，时而比划、时而手写，洪亮的声音传遍整个大课室。

"我们试说有一位老太太，要到20个庙去烧香，庙与庙之间开辟了12面体式的通道，一个庙只烧一次香，不能重复，怎样走才是最佳路线？"

苏老总是用这样通俗有趣的起头，把深奥的拓扑学理论介绍给中学教师。讲习班办了三个多月，每周一天，讲两个小时。他把教材让出版社出版，这样其他不能来参加的中学数学教师也能看到。

学员们看到了一个大数学家是怎样讲课，备课如何严谨认真，讲话多么生动活泼、清晰而又有条理，黑板字一板一眼不潦草，而且懂得怎样激发学

生的兴趣，他们深深地受到了教育，从中学习到了优良的教学方法。而且每次上完课后，苏老还常常与学员热情交谈，询问他们了解不了解内容，有什么困难，及时了解学员的学习程度。他的这种亲力亲为、严谨认真的态度，得到了大家的一致好评。

这里还有苏步青的另一个故事。

1969年春天，苏步青被安排翻译数学资料。与他同一组的青年数学教师许永华告诉苏老有关自己私下研究近世代数的事，并且担心自己写的论文无处发表。

苏步青就鼓励他："放心去做吧，有空到我家坐坐，也许我能帮你一点忙。"

于是，许永华就把自己的一些论文交给苏步青看。

过了几天，在一个黑夜，苏步青打着手电筒，摸黑到了许永华家中，从口袋掏出许永华的论文交回给他。

许永华打开一看，论文上面多处留着老师工整的字体，一些错误的标点都改正了。以后，在苏步青的推荐下，许永华的第一篇论文在1975年的《数学学报》发表了。论文的两个定理引起了外国数学家的兴趣和重视，国外数学家称其为"许—托曼那加定理"。1981年年初，许永华被提升为复旦大学数学系教授。

苏步青对一些劝他不要太劳苦自己的朋友说："我苏步青剩下的时间都是人民的，举办讲习班就是做一点力所能及的工作。我这也只是'千金买马骨'，希望能有更多的大学老师为培养中学教师做有益的工作。"

◎故事感悟

真正的大师不仅自己拥有高深广博的学问，更有一颗忧国忧民之心。即使是到了83岁的高龄，苏步青仍然心系国家，心系教育。他事必躬亲，严谨认真，力求把每一堂课上到位，把每一个标点改到位。他这种近乎苛刻的治学精神不仅让广大的青年教师受益，也让所有的人为之感动。

◎史海撷英

我要留在自己的祖国

卢沟桥事变后，浙江大学被迫西迁。在这国难当头、举校西迁时，苏步青接到了一封加急电报：岳父松本先生病危，要苏步青夫妇去日本仙台见最后一面。

苏步青把电报交给妻子，说："……你去吧，我要留在自己的祖国。"

苏步青的妻子苏松本说："我跟着你走。"

但由于妻子刚刚分娩不久，不能随行内迁，苏步青便把妻子送到平阳乡下避难。直到1940年暑假，由竺可桢校长特批一笔路费，苏步青才将妻子和女儿接到湄潭。

◎文苑拾萃

游七七亭

苏步青

单衣攀路径，一杖过灯汀。

护路双双树，临江七七亭。

客因远游老，山是故乡青。

北望能无泪，中原战血腥。

钱学森治学严谨

◎科学之道，戒之以空，戒之以松。我愿一辈子求实以终。——华罗庚

钱学森（1911—2009年），汉族，浙江省杭州市人。1934年，毕业于交通大学（现西安交大和上海交大前身）机械工程系。钱学森是人类航天科技的重要开创者和主要奠基人之一，是航空领域的世界级权威、空气动力学学科的第三代挚旗人，是工程控制论的创始人，他被誉为"中国航天之父"、"中国导弹之父"、"火箭之王"、"中国自动化控制之父"。中国国务院、中央军委授予他"国家杰出贡献科学家"荣誉称号，他还获得中共中央、国务院中央军委颁发的"两弹一星"功勋奖章。钱学森曾任美国麻省理工学院教授、加州理工学院教授，曾担任中国人民政治协商会议第六、七、八届全国委员会副主席、中国科学技术协会名誉主席、全国政协副主席等重要职务。

钱学森先生不仅是一位杰出的科学家，同时也是一位独具战略眼光和创新思维、有严谨治学才能的教育家。

1946年，年近36岁的钱学森副教授走上了麻省理工学院的讲台讲课。他的课很快便引起了青年学生的极大兴趣。当年，麻省理工学院的学生甚至以能听到钱学森的讲课为荣。当年曾经听课的学生回忆说："他的课程在我就业的前十年，发挥了无与伦比的作用。"

钱学森的讲课风格是喜欢自己动手编教材，因为他讲的都是一些本学科最前沿的知识。这种讲课风格是1938年他在美国加州理工学院刚登上讲台时形成的。

1944年，钱学森在组织研究生教学时，专门编著了一本内容丰富的教材《喷气推进》。美国学者富兰克·E·马勃评价这本教材时说："《喷气推进》这本巨著成为以后十几年间不可或缺的参考书，尽管在此期间该领域有了重大进展。"

在中国科技大学，钱学森还亲自编著了《火箭技术概论》。当年的学生刘济生回忆说："它（这门课）涵盖了所有现代科学技术的最新成就。钱老将这些领域深奥的理论和技术融化在讲义中，讲课注重深入浅出。"

钱学森教学起点高、要求严，米博恩同学说："有次上课，钱老说如果你5道题做对了4道，按常理，该得80分。但如果你错了一个小数点，我就扣你20分。他常告诉我们，科学上不能有一点失误，小数点错一个，打出去的导弹就可能飞回来打到自己。"

钱学森还曾在黑板上给学生写下"严谨、严肃、严格、严密"几个大字，这是他对学生的要求，也是他学术精神的体现。

钱学森出的考题也很绝，有一次竟是"从地球上发射一枚火箭，绕过太阳，再返回地球上来，请列出方程求解"。这次考试也让钱学森感到这一届学生数理基础的不够扎实，于是还特别为他们延长了半年的学习。后来，钱学森关于学科设置的意见直接影响到了国防科技大学的系科规划和设置。

戚发轫是我国知名的空间技术专家，不仅亲自参加了我国第一颗卫星——"东方红一号"的研制工作，还亲自组织了十余次卫星发射任务，曾任"神舟"一号至"神舟"五号的总设计师。

据戚发轫介绍，新中国第一个为研制导弹火箭而成立的研究院里，除了院长钱学森，谁都不懂导弹到底是怎么回事。为此，钱学森便亲自上阵，为科研人员主讲《导弹概论》。他没想到，像钱学森这样的大科学家竟然能亲自来给他们上课。有意思的是，在这个有点"扫盲"性质的培训班里，后来居然培养出了不少的火箭、卫星方面的专家。

有不少人都说，能聆听钱学森先生讲课是一种幸福。无论是课程内容的先进性、前瞻性，还是逻辑的严谨，钱学森讲课时语言都是十分简洁准确，甚至板书也都漂亮工整，可谓出类拔萃。

◎故事感悟

　　钱学森作为我国最著名的科学家之一，无时无刻不在身体力行，为国为民。正是他的这种严谨的治学态度和精神，让他在科学界取得了巨大的成功。自己动手编教材、错一个标点扣20分、亲自到培训班上课，从这一个个的事例中我们可以看到钱学森教授治学严谨的科学家风范，这一切都是值得我们学习的。

◎史海撷英

钱学森赴美留学

　　1935年8月的一天，钱学森从上海出发，乘坐美国邮船公司的船只离开祖国前往美国留学。望着渐渐模糊的上海城，钱学森在心中默默地说："再见了，祖国。你现在豺狼当道，混乱不堪，我要到美国去学习技术，以便早日归来，为你的复兴效劳。"

　　钱学森到美国后，便进入麻省理工学院航空系学习。在这里，他的学习成绩一直都名列前茅。学工程就要到工厂去实践，然而当时的美国航空工厂歧视中国人，所以一年后钱学森才开始转向航空工程理论，即应用力学的学习。

　　1936年10月，钱学森转学到加州理工学院学习。

　　后来，钱学森成为了大名鼎鼎的空气动力学教授冯·卡门教授的学生，并且成为教授学生当中的佼佼者，很快便提升为冯·卡门的最得力助手。

　　1945年初，钱学森成为以冯·卡门为团长的空军科学咨询团的成员。在德国投降后，他随该团的考察小组到欧洲考察航空和火箭技术。

　　1947年初，36岁的钱学森成为美国麻省理工学院的正教授。在受监控期间，除教学外，他仍然没有放弃有关学术方面的研究，1953年还发表了《从地球卫星轨道上起飞》，为低推力飞行力学奠定了基础，并于1954年出版了《工程控制论》一书。

◎文苑拾萃

悼钱学森诗

赤子智星，航天雄鹰。

钱权咏学，科谱森宇。

原子核变，理滔浪天。

能量动力，翱翔大空。

航天巨人，策中耀华。

精憾天魂，髓流千古！

齐白石严谨作画

◎主忠信，好问察，谨独知，行素位。——陈确

齐白石（1863—1957年），湖南湘潭人，小名阿芝，名璜，字渭清，号兰亭、濒生，别号白石山人，遂以齐白石名行世；并有齐大、木人、木居士、红豆生、星塘老屋后人、借山翁、借山吟馆主者、寄园、萍翁、寄萍堂主人、龙山社长、三百石印富翁、百树梨花主人等大量笔名与自号。

齐白石是20世纪十大画家之一，世界文化名人，曾任美术家协会主席。他的代表作品有《牧牛图》、《虾》、《贝叶蚱蜢》等。

作为一名闻名中外的优秀画师，齐白石作画一向严谨，他非常重视真实的生活感受。他认为，"大家作画，要胸中先有所见之物，然后下笔才会有神"；"匠人作画专心前人伪本，开口便言宋元，所画非目所见，形似未真，何以传神"。他在北京画院所藏"小鸡"上题曰："余日来所画皆少时亲手所为、亲目所见之物，自笑大翻陈案。"

齐白石8岁时，经常随父母刨芋头，然后再用牛粪煨熟吃。后来，他曾画之并题记："一丘香芋暮秋凉，当得贫家谷一仓。到老莫嫌风味薄，自煨牛粪火炉香。"这也是他自身生活经历、思想情感的写照。

齐白石笔下的虾蟹、青蛙、蝌蚪、蚱蜢、蟋蟀、灯蛾、老鼠、水牛、竹马、蜻蜓等等，成了农村儿童眼中的大千世界，无处不散发着浓郁的乡土气息。

此外，齐白石每次观察所画物象都非常深入。他在一幅"蟹"中题道："借山馆有石井，井旁有蟹横行于绿苔上，余细观九年，始知得蟹足行有规矩，左右有步法，古今画者不能知。"这是他下了真工夫研究这些日常习见之物的，而如此敏锐精辟的见解，也足以取象不惑。

齐白石笔下的各种物象，从来不以表现真实空间的大小为准则，而是善于从心灵的空间出发，强调物象的本质特征以及彼此之间的内在关系。

1954年，齐白石所画的"蜻蜓荷花"中，蜻蜓两翼的长度与盛开后荷花的半径差不多。这种比例关系在现实生活中恐怕是不可能有的，但在画面上，根据构思的需要却是合理的，从而可以让观者从中得到更加真实、强烈的生活感受。

齐白石对自己的作品总是严格要求，笔墨也都有根有据。有一次，齐白石画《万竹山居图》，由于半部山峰画得不好，便将另外半部扯毁，并画题字说："此画山峰先秃笔作点，酷似马蹄痕迹，非常不喜欢。以浓墨改米点，但又觉得半幅清秀，半幅浓重，不协调，又将其扯断。"然后扯去挂起反复研究，觉得半部太空，不够完整，于是又补纸画了两座山峰，挂起审视再三。数日过去了，他自己觉得找不出什么毛病了，这才算最后完成。

齐白石老人经常说："绝对不画没见过的东西。"1951年春，老舍先生选了一首四句诗，齐白石便想按这四句诗意创作一幅画。该诗中有一句"芭蕉叶卷抱秋花"，齐白石老人因年岁已高，记不清蕉叶的新拔是向左卷还是向右卷了，而北京又没有多少芭蕉可供观察，于是他就到处向人打听，迟迟不能动笔。最后实在没有办法了，他遗憾地说："只好不要卷叶了，不能随便画呀！"最终他也没有画上蕉叶。

◎故事感悟

齐白石老人始终秉持着严谨的画风，画之有物，不凭空下笔。根据实际看到的，转化为笔下的清晰准确而充满灵性的形象，才是艺术的最高水平。

◎史海撷英

文艺的曙光

20世纪30年代前后，蒋介石在军事上不断围剿中国工农红军和根据地，同时

又对左翼文艺运动发动了文化"围剿"。国民党当局禁止进步书刊，封闭进步书店，还拘禁杀害了不少进步作家，甚至出动特务，暗杀知名人士。面对白色恐怖，鲁迅毫不畏惧，积极团结进步文化人士，继续宣传革命文艺，介绍红军和根据地的情况，揭露国民党的黑暗统治，使中国在30年代出现了文艺大繁荣，左翼文艺运动蓬勃发展。

以鲁迅为旗手的左翼文艺运动取得了中国文化史上极为光辉灿烂的成就，涌现出了大量的优秀作品和一大批优秀作家、艺术家，鲁迅的杂文也成为这些成就的杰出代表。在五四时期就以新诗《女神》闻名全国的郭沫若，不但在此时写下了大量的新诗、历史剧，还对中国历史、古文字等进行了开创性的研究，成为一代大文豪。茅盾的小说在此时也达到了时代的高峰。其他还有巴金、老舍的小说，夏衍的报告文学，田汉、曹禺的戏剧，聂耳、冼星海的音乐，都是那个时代文艺的重要成果。

1936年10月19日，新文化运动和左翼文艺运动的旗手、中国革命文学的主将鲁迅在上海病逝。但是，鲁迅和左翼文艺运动哺育的文化火种并没有熄灭。抗日战争爆发后，一大批文艺工作者都纷纷奔赴延安和抗日根据地，走上了抗日救国的革命道路。

◎文苑拾萃

不倒翁

齐白石

乌纱白扇俨然官，不倒原来泥半团；
将汝忽然来打碎，通身何处有心肝？！

章名涛治学严谨

◎泰山不拒细壤，故能成其高；江海不择细流，故能
就其深。——李斯

　　章名涛（1907—1985年），中国电机工程学家，中国科学院院士。章名涛生于北京，原籍浙江鄞县。1924年，他毕业于上海圣约翰中学，后留学美国纽加索大学攻读电机工程，于1927年获学士学位。1927—1929年，他在英国曼彻斯特市的茂伟电机制造厂实习，1929年，获硕士学位。1930年，回国后在浙江、上海工作，后任清华大学电机工程系教授、系主任。章名涛参加制定了全国12年科学远景规划。1964年，他主持编写了中国第一部《电机学》，为培养电机专门人才和发展中国电机事业作出了贡献。章名涛著有《电机的电磁场》、《磁场线图略论》、《凝电器电机》、《同期感应电动机》、《同步机在周期性振荡中的阻尼系数》等书。

　　章名涛是我国著名电机工程专家，2007年，在章名涛诞辰100周年纪念会上，师生们深情地缅怀他："章老师不愧为一代师表。他不但讲课给我们留下了深刻的印象，而且本人的身教对我们也有潜移默化的作用。他谆谆教导我们，治学应该严谨，为人应该清正。他本人就是我们的榜样。"

　　的确，"治学严谨，为人清正"正是章名涛教书育人的至理名言，也是他一生的光荣写照。

　　章名涛生于1907年，从小就怀抱"科学救国"的志向。1924年到1929年，他在英国留学，先后获得了工程科学学士和硕士学位。为了报效祖国，1930年，章名涛毅然回国，1932年开始在清华执教，被聘为教授，筹建电机系。在西南联大时期，他与师生同甘共苦，并于1942年开始担任系主任。其后几

经辗转，章名涛于1948年9月返回清华园，并继续担任电机系主任，先后任清华大学电机系系主任20余年，为电机系的发展和繁荣作出了出色的贡献。

章名涛认为，严格的教学和科学作风是大学教师必备的基本素质，因此，他在教学和科研上一直都秉持着非常严谨的态度。

章名涛一直都将课堂教学当成一门艺术，以追求尽善尽美。交流电机课程是众多学生都十分害怕的"老虎课"，但是他却将艰深的理论阐释得深入浅出，概念清晰。章名涛先后教过电工原理、微分方程、交流电机、电力传输等十几门课程，是深受同学欢迎的优秀教师，他的教学风格也颇受学生们推崇。

章名涛在讲课时特别重视板书的作用。早在西南联大期间，他讲课时的板书工整就比较有名，一些不是听他课的学生下课后有时也要跑到他讲课的教室去看看章先生的板书。

除此之外，章名涛还特别重视教材建设，亲自编写了很多教材，如我国第一部《电机学》、《电机设计》等。

晚年，章名涛预感到自己的时间不多了，即便坐在轮椅里，也仍然不忘将国外的先进研究成果介绍给中国的科学工作者。《异步电机中谐波磁场的作用》（英文版）一书于1977年首次在国外问世，章名涛和电机教研组中年教师俞鑫昌副教授一起在1979年2月将其译成中文。

这本书也是目前世界上有关这个领域的第一本专著，该书的中文译本对从事电机工程技术和科学研究的人员具有重要的参考价值。这本书300多页，近30万字。章名涛在翻译过程中，认真、仔细，对全书的众多公式都重新做了仔细、严格的推导，改正了书中的313处错误。其中，有70%的内容都是原公式在推导过程中的错误。此外，对原著中表述含混和概念错误的地方，他们也都一一作了校订，并如实地把原错处列在译者注中，以便读者对照自行作出判断。由此可见章名涛严谨的治学态度和实事求是的科学作风。这本书于1982年被评为机械工业出版社优秀图书二等奖。

改革开放之后，尽管章名涛教授早已重病缠身，但仍然坚持发挥余热。为了提高师资英语水平，从1979年开始到1982年，他在家中为教师教授英语口语。晚年的章名涛教授在轮椅上仍然坚持工作，用颤抖的手一字一句地修改文稿，常常累得满头大汗。夫人劝他休息，他却说："我的时间不多了，但我要干的事情还很多。如不能把我的知识留给后人，那将是我终生的憾事。"

章名涛曾在一次会上对学生讲过这样一段话："你们来到清华，既要学会怎样为学，更要学会怎样为人。青年人首先要学'为人'，然后才是学'为学'。为人不好，为学再好，也可能成为害群之马。学为人，首先是当一个有骨气的中国人。"

章名涛的这一段话教会了学生们应为学在严，严格认真，严谨求实。同时，也强调为人要正，正大光明，正直清廉，正己然后正人。

可以说，章名涛用自己的一生诠释了什么叫"治学严谨，为人清正"，怎样当一个有骨气的中国人。

◎故事感悟

但凡真正深入人们内心，给人们留下深刻而美好印象的人，都有自己独特的个人魅力。章名涛正是用他"治学严谨，为人清正"的人格魅力征服了众人。这样的一位学者，是现代社会需要的栋梁，更是众多有为青年前进的榜样。

◎史海撷英

章名涛的教学事业

从1944年起，章名涛便担任清华大学电机系的主任。新中国成立后，他更是把全部的精力都用于发展祖国的高等教育和科学技术事业上，为清华大学电机系的建设和发展奋斗了终身。

在西南联大期间，生活虽然十分清苦，但他还是省下自己仅有的生活费购买了大量的书籍，订阅了大量的杂志。每天除了教书，他的工作就是读书，连节假日星期天也不例外。而且章名涛还有夜读的习惯，每晚总要读书到深夜，同时他还不放过图书馆的大量图书杂志。

新中国成立后，清华的学校领导在向学生介绍清华的学风时曾说："联大图书馆的书，别人没看过的，章名涛先生几乎都翻阅过。"

也正是因为读了大量的图书，章名涛才能为学生们开出十几门有分量的课，而且能把很难的课程讲得让学生易于接受。

除重视理论教学外，章名涛还十分重视培养学生的实际操作能力。他认为，"只知道原理，不会实际操作，不能成为真正的工程师"，因此，他在讲授完电机设计课程后，总要让学生们实地去设计并参加制造出能用于生产的电机。

◎文苑拾萃

桃李不言，下自成蹊

"桃李不言，下自成蹊"最早说的是汉初名将李广。

李广是著名的骑射能手。唐朝诗人卢纶的"林暗草惊风，将军夜引弓。平明寻白羽，没在石棱中"，就是描写李广将军的神力把箭射入石头中的故事。

李广从汉文帝时入伍起，经过景帝，至武帝时代，几乎参加了每一次抵抗匈奴的战斗。那时，北方的匈奴经常南侵，在边境地区骚扰。匈奴兵都精于骑射，来去不定，出没无常，很难对付。

李广屡次领兵，深入敌阵，一生身经70多次战斗，匈奴兵都很怕他，单于也很敬畏李广的威名。可是汉朝始终没有重用他，并且多次打击他，在他60多岁最后一次和匈奴作战中，竟派他当诱饵，终因寡不敌众被匈奴所杀，当时全军将士个个痛哭失声，老百姓听到这个消息也都不禁流泪。

唐代学者颜师古是这样解释"桃李不言，下自成蹊"的：桃李等树，不会说话，从不自我宣传，但是到桃李树下来的人都经常不断，树下的野地也会自然地踏出一条路来。这是因为桃李是实实在在地开出了美丽的花，结出了香甜的果，在为人们默默地服务，所以用不着吹嘘，人们自会欢迎它们。做事力求实际，不尚虚声，就叫"桃李不言"。

当代知识分子的楷模马祖光

◎闻见欲众，而采择欲谨。——魏征

马祖光（1928—2003年），中国光学界著名专家、国际激光领域知名学者、哈工大航天学院光电子信息科学技术系首席教授，中共党员。1928年4月11日，马祖光生于北京。1950年，毕业于山东大学。1950年9月，进入哈工大工作，同时在研究生班学习。在学习期间，马祖光被抽调到物理教研室任副主任、讲师，并在核物理专业历任主任、副教授。1979年8月至1981年11月，马祖光赴德做访问教授。回国后，任光电子教研室主任、教授，同时担任哈工大光电子技术研究所所长。1994年，他创建了国家级重点实验室（可调谐激光技术重点实验室），任主任。1986年，马祖光获全国优秀教育工作者称号并获五一劳动奖章，同年荣立航天部一等功，被评为航天部预研先进工作者。2001年被评为中国科学院院士。

马祖光是我国光学界的著名专家，国际激光领域知名学者，中国科学院院士。

1928年春，马祖光出生于北京。1946年，他考入山东大学。1950年，马祖光怀着一腔热血前往哈尔滨理工大学当物理教师，同时还在研究生班学习。他也是新中国成立后哈工大党组织在研究生里发展的第一个党员。

马祖光积极听从党组织的安排，边读研究生，边努力工作，并协助教研室主任洪晶共同组建了"物理教研室"。1958年，根据国家需要，马祖光创办了核物理专业。1960年国家困难时期，学校树了两个典型，一位是工人，另一位就是教师马祖光。作为红旗手的他，被树为"又红又专"的典型。

马祖光怀着一颗强烈的事业心和紧迫的使命感，创办了激光专业。这也

是马祖光创办的第三个专业，他从此便为之奋斗了一生。

马祖光经常对自己的学生说："做学问也好，做事情也罢，首先一定要做一个高尚的人。顾大局，让荣誉，要具有无私、无畏的精神。"为此，马祖光坚持"博士生要德才兼备和创新并重"的培养方法。他说："献身、创新、求实、协作是'863'精神，这种精神也同样适合指导研究生的科研工作。'创新'要紧紧跟在'献身'之后。"

在学术研究上，马祖光对虚假、腐败的现象深恶痛绝。学生们都知道，马老师是一位严谨认真的人，要想在他那里搞点歪门邪道那是绝对不可能的。

马祖光经常亲自参加博士生的实验，有时从半夜一直做到早晨6点。2002年，马祖光老师已经是74岁高龄了，仍然坚持与一位博士生连续做了6个小时的实验。那位学生被导师严谨治学的科学态度深深地感动了："马老师一刻也没有离开过实验室，眼睛时刻盯着测试仪器，数据出来的时候已是晚上10点多了。天下着雨，我揽着马老师，他深一脚浅一脚地走着……到他家门口时，我看着他的背影，心里一阵发酸：导师啊，多像我的父亲……"

当时，电子工业部委托马祖光主编写一本激光统编教材。为此，马祖光多次召开编者会，要求取材一定是当今的最新成果，每个定义、概念都要做到准确恰当。他再三嘱咐说："千万不能误人子弟。"

25万字的教材，几易其稿，马祖光对其中的每一章、每一节甚至包括标点符号都仔细地进行推敲。他说："严谨是做学问最起码的态度，可不能在知识界里当奸商啊！"

马祖光不仅自己治学严谨，对学生的要求也十分严格，这在学校是出了名的。他有时精益求精到了"过分"的地步。每位博士生开题，马老师必须参与。学生们常说：我们要做的课题所掌握的材料还不如马老师掌握得多。

在哈工大中，马祖光是呼吁博导、教授上讲台给本科生讲课的倡导人之一。就在他去世的前一个月，他还应邀到二校区为学生作题为《做人与做事》的讲座。那一天，他感到身体很不舒服，但是讲座结束后，学生们都围着这位平易近人的院士问这问那，因此他到家时都已是晚上11点多了。

2003年7月15日，马祖光教授因病逝世于北京，享年75岁。他一生只求奉献，不求索取，严于科学，谨于言行，可谓当代知识分子的楷模。

◎故事感悟

"鞠躬尽瘁，死而后已"说的就是像马祖光这样的人啊！熬夜看论文、编教材，尽职尽责，严谨认真，力求不出现一丝一毫的错误，对学生、读者负责。正是这样一个严谨的学者，才让周围的人为之感动。他也确实是当代知识分子的楷模。

◎史海撷英

马祖光的节俭与慷慨

马祖光十分简朴，平时总穿着一件蓝色带补丁的中山装。出差住旅馆时，他也总是挑最便宜的住，比如航天部的黄楼、东楼这样的普通招待所。有一次，黄楼、东楼都满员了，马老师便不顾劝阻，坚持住进了附近一家地下室旅馆。那里非常潮湿，回来后马老师的腰疼病就发作了。

1988年12月，马祖光与同事一起前往前南斯拉夫克罗地亚共和国首府萨格勒布大学物理研究所作学术访问。在这期间，他天天吃方便面。回国后，马祖光将省下来的306美元全部交回了航天部。

就是这样一位勤俭节约的老人，对待国家、同事却慷慨大方。

有一年，马祖光请上海的一位学者来讲学，招待费超过了马祖光规定的30元，系里要给他核销，马祖光立即拿出钱说："人是我请来的，超出的钱应该由我自己来补。"

1986年，马祖光应邀出席国际会议作特邀报告。大会发给他500美元的奖金，他当即用这笔钱为实验室买了一套"中性衰减片"带回国。

1989年，马祖光作为"863"第一批领域专家，第一次得到了4000元的津贴，他也马上就把钱当奖金分给大家。直到马祖光去世，很多人都不知道这是马老师自己的钱。

◎文苑拾萃

《马祖光——祖国之光》

《马祖光——祖国之光》是一本由中宣部新闻局、中组部人才工作局、国防科工委办公厅联合编辑的书。为了纪念已逝的我国优秀科学家马祖光先生。由学习出版社出版，在各地新华书店发行。

《马祖光——祖国之光》一书汇集了人民日报、新华社、光明日报、经济日报、中央人民广播电台、中央电视台、人民网、新华网等国内主要媒体刊登的反映马祖光先进事迹的通讯、评论和马祖光不同时期的照片等，共34万字。

学风严谨的历史学家张政烺

◎修学好古，实事求是。——《汉书》

> 张政烺（1912—2005年），字苑峰，山东省荣成市崖头村人，我国著名的研究中国古代史的专家、考古学家、古文字学家。1936年，张政烺毕业于北京大学历史系，进入南京中央研究院历史语言研究所，历任图书管理员（曾编印方志目录一册）、助理研究员、副研究员等职，抗日战争后期曾兼任战区文物保存委员会委员。1978年，当选为中国古文字研究会理事。1979年，当选为中国考古学会常务理事。1980年，当选为中国史学会理事。1982年起，兼任文化部国家文物委员会委员等职务。

张政烺是我国著名的历史学家、考古学家和古文字学家。

张政烺6岁开始上学，小学毕业后随族伯张俊采读过三年私塾，兼学篆书，凡读过的书均能逐篇背诵。这样，在他幼小时不仅萌发了对我国古代文献典籍的浓厚兴趣，而且养成了酷爱读书的习惯。这是他一生博览群书、广泛探求知识的基础。

14岁时，张政烺离开家乡，到青岛礼贤中学读书（旧日制四年）。18岁时，他考入北京弘达中学读高中。1932年，他进入北京大学历史系学习。

在北京大学的这几年当中，张政烺在刊物上发表了几篇学术论文，颇受师长们的青睐。《猎碣考释初稿》就是张政烺公开发表的第一篇学术论文。石鼓文是传世的中国最古的碑碣，自唐代被发现后，千余年来都是众说纷纭，莫衷一是。张政烺所作的考释，郭沫若曾摘抄于《石鼓文研究》的书眉。

《平陵陈得立事岁陶考证》也是一篇颇有影响的学术论文。关于先秦陶器

文字，自清末发现后的半个世纪中有关学者只注意考释文字，而张政烺的这篇文章则开拓了用陶文结合铜器铭文来考证历史的途径。

由于对我国古代文献典籍（包括版本、目录）具有渊博的知识，张政烺进入了南京中央研究院历史语言研究所。那些年，他先后发表在历史语言研究所集刊上的学术论文有《邵王之諻鼎及簋铭考证》、《六书古义》、《讲史与咏史诗》、《奭字说》、《说文燕召公史篇名丑解》、《王逸集牙签考证》、《问答录与说参请》、《说文叙引尉律解》等等。

除此之外，张政烺还在其他报刊上发表了《封神演义的作者》、《玉皇姓张考》、《一枝花话》等文章，内容涉及甲骨、金文、陶文、碑刻、通俗小说等诸多领域。

张政烺教授析疑辨难，考证史料非常精确。中国古文字学起于汉代经学家，东汉许慎撰《说文解字》使汉字的形、音、义基本明了，这在当时确实起了进步作用。但是，后世学者在研究古代文字时，以许书为宗，即使面对大量甲骨文、金文、陶文、石刻文字等材料，仍不敢越雷池一步，使古文字学深受束缚。张政烺凭借着自己严谨治学的精神，经过认真考证，写出了《六书古义》一文。文章通过考察《说文解字》中关于汉字发生发展的历史，指出了许多书中托古改制的奥秘。这对于打破学者思想上的迷信，促进建立新的中国古文字学，起到了除旧布新的推动作用。

张政烺崇尚实学，无论是长篇还是短文，内容都很充实。他的论著贯穿着这样一个鲜明的特点，即以唯物史观为指针，广泛搜集和综合利用甲骨文、金文、陶文、石刻、简牍、帛书等考古成果和古文字资料，结合古文献记载，加以去伪存真、去粗取精，为研究我国古代的历史作出了符合我国历史实际的科学结论。因此，他在中国古代史、古文字学、古文献学，乃至中国通俗小说等各个领域内，都作出了引人注目的突出贡献。

张政烺是个有名的书痴，各种书无所不看，因此他的知识十分渊博，对甲骨文字、金文、陶文、先秦两汉的简牍、帛书、石刻文字都了如指掌，无所不知。甚至对古代民俗、通俗小说、宋史、金史材料等，也都相当熟悉，分别有研究成果问世。

与他在学术界的盛名形成鲜明对照的是，张政烺并不算是高产，写的东西也并不多。这是因为他治学极其严谨，对没有成熟看法的问题从不轻易下笔，对写出的文稿也要反复修改，所以，他的论文才字字珠玑，篇篇圭璧，都成为传世的不朽之作。

从张政烺对甲骨文字的考释尤其可见他的治学精神。他在考释甲骨文字时，首先总是要坚持对所要考释的未识甲骨文字从分析文字字形入手，再参照《说文》对偏旁的分析法与对字义的说解，又取征于与时代相近的、已识的古文字偏旁，复佐证于书籍记载和地下出土材料，从而确定其字的意义与读音。

其次，张政烺从不满足于单纯的字形考释的结果，对要考释的古文字由字形分析、比较已知其音义，仍必须将此成果引入具体的甲骨卜辞中去"实验检验"，能在卜辞中讲通时，才知考释的结果不误。所以，他所释的不多文字见解都很精辟，为不易之论，不仅放在语句中能够讲得通，而且还能经得起时间的考验。

再次，他列入考释重点的甲骨文字一般不是卜辞中用作地名人名的字，而是那些决定整个文义的关键性的字。尤其是某些重要的动词，其中有的甚至是数十年来久被古文字学家注意而又未得识的常见字。因此，他考释这一类甲骨文字可谓是智克强敌的攻坚战，往往是一字识破，即令数条卜辞得以通读。由于这个缘故，他的甲骨文字考释成果也常常成为有益于商代历史研究的重要资料。

最后，张政烺对甲骨文字的考释还非常注意将商周甲骨研究作为古代汉语的重要内容，每每用甲骨文考证的重要结果说明古代汉语研究中的一些重要问题，使这些问题的研究得以推进和发展。他的古文字学考释名篇《释甲骨文俄、隶、蕴三字》、《释它示——论卜辞中没有蚕神》等都是这方面的典型。

此外，《十又二公及其相关问题》一文的写作开始于1935年，但是直到1982年才脱稿，由此也可见其治学之谨严。东周时期，秦国铜器铭文常见"十又二公"，张政烺考证后，认为这和《春秋经》的十二公都是"公取十二，法天之数"的一种迷信思想，公羊家所说孔子作《春秋》的原理，主要"存三统"之说，是东周贵族间共同的想法。

孔子囿于时代，有许多落后的东西，这是自然的孔子。而汉儒、宋儒、清儒以及古史辨派喜欢为孔子洗刷装扮，这对新的历史时期自然会起到破除迷信、建立新文化的作用，但对孔子本身的认识却离得越来越远了。

在古文字研究方面，有几件青铜器的铭文和甲骨片上出现的一行三个或六个数目字，几十年间学者们都感到十分困惑。张政烺经过研究后，对此提出了独到的见解，认为这些数目字组是最早的易卦。

1971年至1974年，张政烺还曾在中华书局参加标点《二十四史》的工作，从事《金史》的标点和校勘。1974年至1978年，在文物出版社主持和参加新出土的临沂银雀山汉简、长沙马王堆帛书和云梦睡虎地秦简等的整理工作等方面，张政烺都作出了重要的贡献。

张政烺不仅学识渊博，学风严谨，而且虚怀若谷，光明磊落，正气凛然，乐于助人，提携后学，无门户之见、亲疏之别。几十年来，他至诚地为向他求教的各方人士付出了大量的时间和精力。

◎故事感悟

历史研究绝对不容许想象、假设、推测，必须要严谨求实，认真考证，做到言之有据，论证合理。作为对中国古代史研究有着重要贡献的张政烺，正是谨遵这样的原则，凡事做到严谨无差，还原历史的真相，造福后代。

◎史海撷英

乐安古城遗址

乐安古城遗址位于山东省广饶县城北花官乡草桥村，城址东西长400米，南北宽380米。

1956年，在进行全县第一次文物普查时，遗址被发现。从该遗址出土的文物来看，这里有龙山文化时期的附加锥纹红陶鼎足，有商周时期的陶壶、罐、盆及鬲、豆、盘等器物残片，还有秦汉时期的砖瓦、石磨、盉形器和陶壶、陶盘、陶罐，以及漏器的残片和汉代的陶井壁残片等。根据考古工作者的实地踏勘和研究，并对照《四库全书》、《汉书地理志》等史书记载和地图标示指出，该城址为先秦齐国乐安古城遗址。

这一重大发现，找到了孙武的祖父孙书因"伐莒有功，景公赐姓孙氏，食采于乐安"的乐安城，从而揭开了孙武故里在何处的千古之谜。著名历史学家、考古学家张政烺先生在仔细勘察发掘现场后，欣然命笔书曰："齐乐安故城重放异彩——为广饶草桥遗址题。"

◎文苑拾萃

《揖芬集　张政烺先生九十华诞纪念文集》

2002年4月15日，适逢张政烺先生九十华诞纪念日，由中国社会科学院历史研究所、北京大学考古学系、山东省考古研究所共同编辑了《揖芬集　张政烺先生九十华诞纪念文集》。

该文集收录了张政烺友人及后学的91篇文章，发表了各自的研究心得，互相切磋学问，这也是对张政烺先生孜孜不倦地致力于弘扬中华学术的最好汇报和纪念。

纪念文集取名《揖芬集》，是源于李白的《赠孟浩然》诗"高山安可仰，徒此揖清芬"的典故。该书由社会科学文献出版社于2002年出版发行。

勤勉严谨的成功商人

◎ 凡做事须从容细密，事事有条理；勿鲁莽粗疏，有初鲜终。——陈确

邵逸夫（1907—），原名邵仁楞，香港电视广播有限公司主席，电影公司邵氏兄弟的创办人之一，香港著名的电影制作者。多年来，邵逸夫捐助超过数以10亿计的款项，为内地、香港两地建设教育、医疗设施等。香港多间专上院校的建设曾得邵逸夫捐助，例如香港中文大学的逸夫书院、香港大学的邵逸夫楼、香港城市大学的邵逸夫图书馆等。2005年，邵逸夫捐出1000万港元予南亚海啸受灾地区。2009年，香港地区特大水灾，邵逸夫捐款1亿元。为援助台湾"8.8水灾"，邵逸夫委托其夫人到赈灾晚会现场捐款1.08亿新台币。

邵逸夫是香港著名的电影制作者和慈善家。虽然说如今邵逸夫的成就有目共睹，但他也是从最卑微的职位做起的，他曾经一步步奋斗，勤勉严谨，最终才成为电影公司的大老板。

邵逸夫熟悉电影制作的几乎每一个方面和环节的工作，从剧本、摄影到导演、演员的选聘以及化妆、剪辑等等，他样样都十分在行。而影片的推广、发行、剧院管理等，他更是行家里手。邵逸夫对影片的质量严格把关，一旦发现劣片，他会亲手烧掉，毫不手软。

年轻时，邵逸夫曾有一天看了9部片子、一年看700部片子的纪录。他说："我晚上只睡一个小时，其余时间便是工作，我根本没有时间生病。"新加坡媒体评论说："邵氏兄弟公司的成功，从很大意义上来说是一个神话故事。兄弟三人的发迹，显示了邵逸夫在生意场上绝顶的聪明和严谨的努力。"

邵逸夫自己搞电影，因此一心想要成为精通电影的专家。他每天最低限度是看一部电影，几十年来都坚持不辍。好的电影和坏的电影他同样喜欢看，他要看好的电影好在哪里，不好的电影问题在哪里。他不仅是看电影最多的中国人，而且也是中国最精通业务的电影企业家。

邵逸夫曾说："我做事的态度便是要把每件事都做好，即使是最微细的部分，也要彻底做好。一样事情不做到十全十美，我是绝对不会放松的。同时我自己的工作时间也很长，一早就来（上班），很晚很晚才下班。"

20世纪60年代，邵逸夫的影视王国已经颇具规模，但他的勤勉和严谨却丝毫没有减少。据说，邵逸夫在古稀之年仍然坚持每天工作16个小时。著名导演张彻在邵的手下工作过，他在书中曾回忆说："邵逸夫当年治事之勤，是我生平罕见。他坐的劳斯莱斯是名贵豪华的车，车里有酒吧，他改装成小型办公桌，连途中的时间都不浪费。"

◎故事感悟

正如邵逸夫自己所说的，他对剪辑、摄影、化妆、剧本、导演，样样在行。正是因为他从事的是电影行业，他需要了解这些东西，即使是细枝末节也绝不放过。他对影片质量的严格把关，主题、画面、剪辑、配乐每个环节都不放松，他认为把每一件事情做好，是取得成功的关键。

◎史海撷英

邵逸夫诚聘英才

1985年，邵逸夫花费32万元买下香港九龙清水湾近7万平方米的土地，建造起"邵氏影城"。这时，他的头等大事就是物色一个可以担起公司形象宣传策划、影片包装设计重任的宣传人才。但几经周折，邵逸夫都没有找到合适的人选。

这时，上海新闻界之才子吴嘉棠为邵逸夫推荐了邹文怀。邹文怀原籍广东潮州，毕业于上海圣约翰大学，讲一口流利的上海话和英语，是个不可多得的人

才。吴嘉棠安排邵逸夫与邹文怀见面。

邵逸夫对这次见面极为重视，见面也安排得隆重热烈，规格甚高。那天上午，邵逸夫一身新装，早早地恭候邹文怀的光临。邹文怀一到，邵逸夫就赶紧设宴款待，为他洗尘。

吃完饭，邵逸夫又陪同邹文怀一起欣赏"邵氏影片"。看完影片，邹文怀彬彬有礼，恭谦客气地起身告辞。

邵逸夫本想与邹文怀长谈一番，拍板敲定工作之事，不料他没有表态就要走，邵逸夫有些沉不住气了，就礼貌地问："邹先生，你看工作之事是不是可以定下来？什么时候来上班呢？"

"邵老板，你的好意我心领了。这件事以后再谈吧。"邹文怀推辞道。

邵逸夫不再言语，只好默默地送邹文怀上车。邹文怀走后，邵逸夫感到有些怅然若失。他仔细考虑后，觉得不能错过这样一个难得的人才，于是他下定决心，准备重金礼聘邹文怀出任宣传部主任一职。

很快，邵逸夫又找到邹文怀。邹文怀终被邵逸夫的诚意打动了，但又提出一个要求，那就是宣传部必须由他亲自组织班底。邵逸夫也是当即拍板定音。

就这样，经过邵逸夫诚意的邀请，并许以丰厚的回报，邹文怀终于应允出任"邵氏"宣传部主任之职。宣传人才问题迎刃而解，其他一切困难就冰消雪融了。邵逸夫一鼓作气，乘胜追击，撒开大网尽获八方人才，开始了自己飞黄腾达的事业。

◎文苑拾萃

乐善好施

"乐善好施"这个成语出自西汉司马迁的《史记·乐书论》："闻徵音，使人乐善而好施；闻羽音，使人整齐而好礼。"指乐于行善，喜欢施舍。

广东省中山市有一个乐善好施坊，建于清嘉庆二十五年。据传，棠樾村鲍氏家族当时已有"忠"、"孝"、"节"牌坊，独缺"义"字坊，其村鲍氏世家至鲍漱芳时，官至两淮盐运使司，掌握江南盐业命脉。他欲求皇帝恩准赐建"义"字坊，以光宗耀祖，便捐粮十万担，捐银三万两，修筑河堤八百里，发放三省军饷，此举获得朝廷恩准。于是，在棠樾村头又多了一座"好善乐施"的义字牌坊。

科学需要严肃、严谨、严格的工作作风

◎凡事都要脚踏实地去做，不驰于空想，不骛于虚声，而惟以求真的态度做踏实的工夫。以此态度求学，则真理可明；以此态度作事，则功业可就。——李大钊

杜善义（1938—），辽宁省大连市人，我国飞行器结构力学和复合材料专家，中国工程院院士。1964年，杜善义毕业于中国科学技术大学近代力学系，现为哈尔滨工业大学教授、博士生导师，历任教研室主任、复合材料与结构研究所所长、航天学院院长、哈工大副校长等职，是第十届、第十一届全国人大代表。杜善义长期致力于固体力学、复合材料和飞行器结构等方面的教学和科研工作，多次荣获国家科技进步奖等国家、省部级奖，并获全国模范教师和优秀教师称号。

杜善义是我国著名的飞行器结构力学和复合材料专家，中国工程院院士。他以严谨的工作作风和认真的工作态度而著称。

杜善义强调，科学需要老老实实的工作态度，严肃、严谨、严格的工作作风，这不仅要落实在学习、研究中，还要贯穿在人生之路上，要树立大科学、大实践的观念和意识，要把科学理论应用到工程实践中，研究新事物，解决新问题；要强调群体合作，树立团队精神。这是由现代科学研究、现代化产业发展所决定的。

作为人师，要想给别人一杯水，自己就要先有一桶水，无论做人、做事、做学问都是这样。对待科学必须严格、严肃和严谨，同时还要有辩证唯物的科学方法。这是恩师钱学森的治学精神，杜善义院士将这种科学精神和科学知识一同继承下来，如今又传承给学生们。他亲自定下复合材料与结构研究所的所训"崇德广业，穷理致用"，提出了对自己、对所里的师生在做人、做

事、做学问这三方面的要求。

每年邀请他参加的科技成果鉴定会的有许多，但杜善义每次都认真考虑，不熟悉领域的鉴定会绝不参加，所以每年都要拒绝十几次这样的邀请。"对自己、对他人、对国家都要有认真负责的态度！"杜善义说，许多人在给自己的科研成果鉴定时喜欢请两种人，一种是自己熟悉的专家，另一种就是所谓的名人，就是一些"有名的外行"。找熟悉的人是想顺利一些，这种人在鉴定过程中抹不开面子，不会让自己太难堪；找"有名的外行"是想借个知名度，抬高自己的身价。这些名人确实在某些领域是绝对的专家，但在其他领域可能就是外行了。

"在材料和力学领域我比较熟悉，但在其他许多领域就是外行，所以我坚决拒绝参加任何我不熟悉领域的成果鉴定会。科研工作来不得半点虚假，必须认认真真、踏踏实实，否则后患无穷。任何细小的差错和漏洞都可能给国家造成上亿元甚至几十亿、几百亿元的损失。"杜善义对自己、对学生都是这样要求的。

在复合材料与结构研究所，从院士到普通教师，历来注重言传身教，敬业奉献已经成为习惯。如今杜院士的很多学生已经成为复合材料领域的知名专家、学者，受"杜先生"的影响，他们依然在从事科学研究，撰写学术论文中继续保持着"三严"的工作作风。

对新世纪的大学生，尤其是有从事科研工作意愿的年轻人，杜善义总是充满了希望。他认为，教学相长真正是教学的规律，学生既是学习者，又是科研工作、科研创新的主力军，新世纪要求大学生必须成为推动社会变革、社会进步的力量，必须具备迎接挑战的素质，同时要有扎实的基础、"三严"的作风、开放的思路，要能组织其他人共同合作。杜善义在多次谈话中均表示，希望青年一代适应新世纪科技的飞速发展，参与全球化的竞争与合作，勇敢地迎接新技术的挑战。

作为国际知名的力学和复合材料领域专家，杜善义院士在科学研究上取得了很大成就。不仅如此，他还肩负着第十届、十一届全国人大代表的重任。人大代表的这份责任与担子，让杜善义把目光投向了更为广阔的社会。他曾在两会上呼吁，要纠正办大学贪求"大而全"的发展倾向，警惕高等教育界的"政绩工程"；我国资源浪费较严重，建议在经济建设成果评价体系中突出考核能源消耗。

杜善义一直喜欢接触青年学生，尤其关心本科生的成长与发展，只要有时间，他就会走进他们中间，跟大家交流，为大家作报告。即便没时间，他也要挤出时间走到学生中去。几乎每年，杜院士都为学生作几场报告。他经常勉励同学们要学好"221"，即两种语言（数学和物理）、两种工具（英语和计算机）、一个融合。杜善义用自己在美国求学期间的经历和自己培养研究生的经验告诉大家，做学问就要做好这个"221工程"。

"老当益壮，宁移白首之心；穷且益坚，不坠青云之志"。面对高负荷的工作，杜善义始终精神矍铄、劲头十足。良好的心态和对事业的热爱，让他总保持着那股"精气神"。如今中国航天事业方兴未艾，先进复合材料在我国航天航空领域已经得到了全面应用，其中也凝聚着杜善义和他的研究队伍的成果。作为开拓者，作为哈工大航天学院首任院长，杜善义深感欣慰。他表示，今后将在教师这个岗位上为祖国的航天事业培养、输送更多的优秀人才，不断推进复合材料事业向前发展。

◎故事感悟

做人脚踏实地，做事严谨认真，这就是杜善义。在社会中出现越来越多浮夸现象的今天，杜善义依然在坚持他的理念，"不坠青云之志"，以一种严谨、严肃、认真的态度去继续他的科学工作，续写他辉煌的科学人生。

◎史海撷英

杜善义铭记母教

杜善义祖籍山东省牟平县，幼年时虽然家境贫寒，但因家庭重视教育的缘故，杜善义仍然坚持读书识字。年幼的杜善义也是聪明好学，渴求知识，学习成绩从

小学到高中一直都是名列前茅。

高中以后，杜善义便下定决心要考名牌大学，因此，在白天辛苦劳动之后，杜善义晚上总要熬夜苦读。在这期间，善良淳朴的母亲说了一句话，让杜善义铭记一生。母亲说："我就是讨饭吃，也要让你念大学。"

听了这句话，杜善义深受震动，从此他更加一丝不苟，发愤图强，终成科学大家。而在多年之后，杜善义回忆说，正是母亲这句话，激励了自己一生追求进步。

◎文苑拾萃

脚踏实地

"脚踏实地"比喻做事踏实、实事求是、认真、不虚浮。　出自宋代邵伯温《闻见前录》第18卷："公尝问康节曰：'某何如人？'曰：'君实脚踏实地人也。'"

也有相传在宋英宗时期，司马光负责主编《资治通鉴》，他研究了很多历史书籍，广泛地收集材料，按照年代的先后顺序认真编排，终于完成294卷《资治通鉴》，后来因反对王安石变法来到洛阳定居，洛阳的邵雍也评价他是一个脚踏实地的人。

严谨大家傅璇琮

◎要养成严谨和忍耐的习惯，要学会做科学中的细小工
作，要研究事实，对比事实，积累事实。——佚名

傅璇琮（1933—），浙江宁波人，著名中国古典文献和古代文学研究专家，笔名湛之，九三学社成员，中共党员。1951年，傅璇琮考入清华大学中文系，奠定学术基础，后因全国院系调整，并入北京大学中文系，1955年，毕业留校任助教。1958年，被先后调至商务印书馆，走上了学术道路。傅璇琮历任中华书局总编辑，国务院古籍整理出版规划小组秘书长、副组长，清华大学中文系教授、博士生导师，清华大学中国古典文献研究中心主任等。

傅璇琮是我国当代久负盛名的学者，他学识精深博达，专攻唐宋文学，但涉及的学术领域却十分开阔，多能见人所未见，发人所未发。而且，他治学十分勤奋严谨，著作颇丰，每逢他的专著问世出版，即受到学术界的高度重视。

傅璇琮是怀着不可摇撼的民族自豪感来"深入透彻了解我们代代先人积累遗留下来的文化学术瑰宝"的。他说："中国学者有责任也有义务发扬光大我们自身的学术传统，向世界展示中国学术的优势，为世界学术作出贡献。"

这句话虽然是写在《周易与中国文学》（陈良运著）的序中的，但傅璇琮高远的治学目标却体现在整个学术研究的实践当中，显示在他的每一部著作中，也贯穿在他所参与的各种学术活动当中。傅璇琮高深的学术成就，本于他高远的治学目标。

傅璇琮在《李德裕年谱新版题记》中道出了他的治学心得——"一心为

学，静观自得"。很多学者都认为，"一心为学，静观自得"是傅璇琮治学的精神支柱。人的一生大都是在顺境和逆境中交叉行进的，人人都希望生活过得顺顺利利，但谁都难免会遇到许多不顺心的事，甚至会经受各种挫折、磨难和痛苦。如何看待顺境和逆境，理顺两者的关系，是人生哲学一个重要的课题。傅璇琮在精神舒畅时常常好学不倦，而在精神受挫时也依然能够凝神一志，"衣带渐宽终不悔"，在学术研究上下苦工夫。他脚踏实地做学问，严谨求实，在"静观自得"中开创出一片光灿灿的学术天地，其治学精神是坚韧的。

傅璇琮读了很多书，既熟读常人熟知的书，更精读常人罕见和难知的书。"精深"，可谓傅璇琮治学的功夫所在。他的精深也是建立在"博通"的基础之上的，由博通而精深，又由精深而博达。

傅璇琮做学术研究有一个独特的思路，就是"舍易就难，舍热求冷"。他攀登学术高峰，走的是一条不平坦的山路；他不做热热闹闹的表面文章，而自甘冷落，深入到人所未及的深处去研究探索。

傅璇琮做学问相当严谨，他重史料、重考据、重实证，经常有理有据地改正前人的错断和旧史的误植，从而给人以新的启示。比如在《李白任翰林学士辨》中，他便以切实可靠的实证说明了李白于天宝初应诏入宫时只为翰林供奉，而非翰林学士，从而修正了一些关于李白的讹传，指出，从天宝初几年李白在长安的生活和心情来看，不能把"李白的高傲看得太重，实际上李白难免于世俗，他是不能脱离社会实际的"。这样精辟的辨析使后人对李白有了更加全面的认识和了解。这不仅不会有损于李白这个大诗人的形象，反而还让大家对李白的性格和诗篇了解得更加真切、透彻。

又比如在《从白居易研究中的一个误点谈起》中"史诗互证"，阐明了白居易"五年间的翰林生活，是白居易一生从政的最高层次，也是他诗歌创作的一个高峰，但同时又给他带来思想、情绪上的最大冲击，在这之后他就逐渐疏远政治，趋向闲适"，这也让后人明白了白居易的诗何以会有前后两种迥然不同风格的缘由。

正是因为傅璇琮有着"舍易就难，舍热求冷"的良苦用心和"史诗互证、情理兼容"的严谨研究方法，才使得他在学术研究的道路上不时出现"柳暗花明又一村"的新境界，提出了一个又一个令人信服的创见。钱钟书先生在所赠的《管锥编》题签中写道："璇琮先生，精思劬学，能发千古之覆，吾之畏友。"这也是对傅璇琮的学术贡献所作出的最有分量的评价。

傅璇琮为人朴实无华，待人亲切平和，对治学要求却十分严谨严格，"力求务实创新，切忌急功近利"，反对浮夸不实的作风。他探讨问题求真务实，坚持弄清事例的本末真伪，坚持实证，为解决一个问题要翻阅很多资料，从别人未发现的问题中找出真实可信的依据来修正前人的错误。读傅璇琮的书常常会有如在读浙东学派前贤著作的感觉。读杨简的《慈湖遗书》，读王应麟的《困学纪闻》，读王阳明的《传习录》，读黄宗羲的《明儒学案》，读章学诚的《文史通义》，读全祖望的《鲒埼亭集》部分文章，虽然他们处在不同的朝代，文章的内容也各不相同，但读时总觉得有股脉络是前后贯通的——他们有严谨治学重考证、情理兼容重实学、经世致用重实践、言行一致重德性的共性。

浙东学派前辈学术重心在哲学、史学、伦理学方面，傅璇琮的学术重心在古典文学方面，他们研究的范畴不同，但严谨笃实的学风、纯正明达的文风却十分接近。浙东学术文脉源远流长，傅璇琮的学术是这条文脉中的一环。宁波学者也公认傅璇琮是当代浙东文化的代表人物，他继承并发扬了浙东学派严谨笃实、经世致用的学风，开拓了学术研究的新空间，为中国古典文学和传统文化的研究作出了卓越的贡献。

◎故事感悟

作为浙东学术文脉中的一环，傅璇琮重史料，重考据，重实证，十几年如一日地用严谨的治学态度在学术研究的道路上孜孜以求，并且取得了非凡的成绩。这一切也教育我们青年一代，只要像他一样，始终坚持严谨严格的态度和精神，就能走出一片属于自己的天地。

◎史海撷英

傅璇琮的成就及荣誉

傅璇琮先生曾先后出版了一系列在古代文学研究方面导夫先路的著作，以及在古籍整理领域的重要成果，并扶持和培养了一大批古代文学研究的生力军，在海内外学术界有着广泛和崇高的学术声誉。

傅璇琮曾参加了《二十四史》的点校和编辑，担任《唐才子传校笺》、《唐五代文学编年史》以及《全宋诗》、《续修四库全书》、《续修四库提要》等大型古籍整理类总集与丛书的主编。他的主要著作有《唐代诗人丛考》、《唐代科举与文学》、《唐诗论学丛稿》、《李德裕年谱》、《唐人选唐诗新编》，与人合著的有《河岳英灵集研究》等。

◎文苑拾萃

致璇琮先生

潘衍习

璇枢执柄耀星辰，琮璧华章可等身。

文化传承研学术，献能翰苑四时春。

以严谨书写教学生涯

◎百日之严，无一日之疏，则无失；百日严，而一日
不严，则一日之失与百日不严同也。——袁采

万长松（1969—），黑龙江呼玛人，汉族，中共党员。万长松于1994年7月毕业于哈尔滨师范大学科技哲学专业，获哲学硕士学位；2004年9月毕业于东北大学科技哲学专业，获哲学博士学位。2005年1月至2006年12月，万长松在清华大学科学技术与社会研究所从事博士后研究工作，合作导师是曾国屏教授，出站报告题目是《产业哲学问题研究》。万长松主要从事马克思主义哲学、科学技术哲学、行政管理学等研究，在《哲学动态》、《自然辩证法研究》、《科学技术与辩证法》等刊物上发表论文40余篇，在东北大学出版社等出版著作四部，承担项目七项，获得校级以上奖励、荣誉三次。

万长松是河北燕山大学文法学院的教授，硕士生导师。虽然任职于文学院，但万长松其实是学理科出身，大学学的是生物学，读研期间才转为科技哲学领域，并在这个方向上拿到了博士学位。

学理科需要严谨求实、精益求精，学生物学尤其需要胆大、心细，还要有十足的耐心，并且做实验也是丝毫马虎不得的。正是因为大学时所受到的严格要求，万长松才形成了今日严谨的态度，并在之后的工作中一以贯之。

对于一个大学教师应怎样对待自己的工作，万长松说："大学教师，特别是教授，首要的任务应该是一心一意搞教学，如果不能给学生上课，就不能称其为教授，只能是研究员，就像工人要做工、农民要种地、医生要看病一样，教授上讲台是天经地义的事。研究员可以进行深度开掘，教授就必须兼顾深度和广度，深入浅出，旁征博引，在润物无声中把知识和品行播撒到学

生的心田。"身教重于言教，万长松也正是按照他所认为的那样身体力行，履行着自己的教师职责。

2007年，万长松从清华大学哲学博士后出来后，便到了燕山大学。在加入到燕山大学后，他便承担了大量的科研任务。

除科研工作外，万长松还担负着指导研究生、本科生和各级各类的教学任务。面对繁重的教学工作，万长松从不敷衍塞责、应付了事，而是对待教学如同搞科研一样严谨，将严谨的态度带到了教学工作的每一个环节。

万长松的主要授课对象是燕山大学的研究生，同时也为行政管理专业的本科生授课，并且所教授的均为理论课，比如为本科生开设的《国家公务员制度》，为研究生开设的《自然辩证法概论》、《科学社会主义理论与实践》、《马克思主义哲学史》等。制度、哲学等理论知识是非常枯燥的，不仅需要繁琐的记忆，还需要辩证的理论思维。但是，万长松却总能把这样枯燥的理论课讲得出彩。他旁征博引，用具体的事例形象而幽默地讲解枯燥的理论知识，既方便了学生理解，也加深了他们的记忆。

有时，个别学生会困乏、溜号，这时万长松不会不顾学生听课状况而一味地讲课，而是会讲个小笑话或小轶事，让大家在笑声中提起听课的精神来，然后再继续讲课。但是，这种"嘻嘻哈哈"却不会因此喧宾夺主。万长松说："大学教师不是电视节目主持人，适度的幽默与激情是需要的，但幽默与激情之外是人类千百年来积淀的知识和文化的传承、延续，更是批判性思维的开启和创造能力的培养。我并不反对课堂活跃，但不能把大学课堂变成娱乐场所，教授知识仍然是最主要的。"

上过万长松课的学生，都有这样一个共识："万老师课件做得非常好，技术很娴熟，文字与音频、视频、图片资料结合得非常好。"

虽然如此，但万长松更青睐于板书。他说："讲课不能离开黑板和粉笔，在黑板上书写的过程，也是老师和学生同步思考的过程，这样也有利于加深学生的理解。并且，即使课件容纳得下再多的东西，也难以记录下板书时所能产生的灵感。绝对不能把多媒体演变成'多字体'，它起的只是辅助教学的作用。"

的确，课件可以在一瞬间把很多内容展现在学生面前，但却未必能起到加深学生理解的效果。相反，大段的文字还会引起学生的厌烦感。由此可见，万长松对待教学的严谨态度已深入到了教学的每个细节当中。

"教师、教案、教材，这三者是教学的根本，没有它们根本谈不上严谨教学"，对于严谨教学，万长松一直秉持着这样的观点，而他也正是遵循这一观点来履行自己的教师职责的。

考试作为检验学习效果的一种有效方法，自小学至大学都是必须的。对于本科生的考试，万长松一直保持一种使其标准化的观点，即题型要多样，如同中小学的考试。本科仍是打基础的教育阶段，基础打不好，以后的创新就无从谈起。并且，单写一篇论文或评论文章根本无法有效地检验出学生的真实水平，难以加强学生对知识的掌握程度，也起不到督促他们学习的效果。因此，万长松在出考卷时，总是设问灵活、题型多样。

唐代的文学家韩愈早就为后人指出了教师的职责，即"传道授业解惑"，但他却并没有告诉后人教师应该如何来履行这些职责，应该抱着怎样的心态去履行这些职责。而万长松用他的严谨为我们回答了这个问题。他就是这样的一位教师，在自己平凡的工作岗位上，始终用严谨的态度书写着自己的教学生涯。

◎故事感悟

罗素曾说过这样一句话："凡是教师缺乏爱的地方，无论品格还是智慧，都不能充分地或自由地发展。"由此可知，一位教师在从事教学工作时要心怀爱心。万长松对于学生的爱则集中表现在严谨上，并且是贯穿教学工作每一个环节的严谨。这样的严谨必定会带来成效，也会帮助他的学生在学习的道路上越走越好。

◎史海撷英

燕山大学

燕山大学源于哈尔滨工业大学，始建于1920年。

1958年，哈尔滨工业大学重型机械系及相关专业迁到了齐齐哈尔市富拉尔基区，组建了哈尔滨工业大学重型机械学院。

1960年，哈尔滨工业大学重型机械学院成建制独立办学，定名为"东北重型机械学院"。1978年，东北重型机械学院被国务院确定为全国重点高等院校。1985年至1997年，该校整体南迁至河北省秦皇岛市。

1997年，东北重型机械学院更名为"燕山大学"。1998年，由原机械工业部划到河北省，实行中央与地方共建，以河北省管理为主。2006年，国防科工委和河北省共建燕山大学；2009年，工业和信息化部、国防科工局和河北省共建燕山大学。

李英保"梅不言寒"

◎心澄则志高，身修而神定。——李英保

　　李英保（1944—），河南荥阳人。1969年，李英保援助巴基斯坦美术工作三年，归国后，历任石河子歌舞团画师、荥阳美术研究所所长、中国艺术研究院一级画师、中国书法艺术研究院花鸟画创作室主任、中国画院职业画家。他的多幅作品在国内外多种报刊、杂志发表，并被中南海、人民大会堂、毛主席纪念堂、钓鱼台国宾馆等单位收藏。李英保的业绩录入《世界美术家传》、《世界美术集》、《世界华人文学名人录》、《河南书画名家志》、《中国书画信息大全》等著作，他的作品获国际书法美术展铜奖、比利时国际书画邀请展银奖、国际书画艺术交流展金奖、世界华人艺术展铜奖等，近年又有《写意梅花技法》《梅、兰、竹、菊白描集萃》等专著问世。

　　李英保从小便热爱中国传统书法、绘画艺术，擅长工笔、写意花鸟，尤其喜爱画梅，他画的五色梅更是国内目前同类题材的佳作。

　　李英保曾经拜龚柯、李砚祖为师，并受到黄胄大师的关怀和指点，梅花作品多次参加国内外的展览，在国内外多种报刊、杂志发表，并被中南海、人民大会堂、毛主席纪念堂、钓鱼台国宾馆等单位收藏。

　　2005年，李英保应邀参加了联合国60周年庆典，被特别授予"世界和平文化使者"的荣誉称号，业绩也被录入《世界美术家传》、《世界美术集》、《世界华人文学名人录》、《河南书画名家志》、《中国书画信息大全》等。他的作品还获得国际书法美术展铜奖、比利时国际书画邀请展银奖、国际书画艺术交流展金奖、世界华人艺术展铜奖等。

　　近几年，李英保过着深居简出的生活，很少再参加名目繁多的非公益性活动，更不会出现在热闹的应酬中。他每天就像一位学者一样，吃饭、睡觉、读书、绘画、著书。也正因为如此，李英保学问猛增，画事更是如日中天。十几年对梅花画法的探索和研习，再加上他有充裕的时间思考，如今他笔下的梅花风骨嶙峋、清逸脱俗，自成一派，而且他还总结了大量的经验。

　　多年来，李英保养成了爱读书的习惯，而且，他看书的严谨认真程度也让人吃惊。凡是他看过的书，都会用红笔批注。有的是感悟心得，有的是不同观点；有的是提醒自己，有的是需要谨记；有的是有待查证，有的是需透彻理解……字里行间，都透露出一位学者一丝不苟的治学态度。

　　李英保对词句的斟酌有时也到了较真的地步。他曾在《芥子园画谱》中看到一句话"木清而花瘦"，他对此处"清"的意义不甚明了，竟用了一个月的时间去查证，查字典、问老师、买参考书，直至感悟到"在空旷的画面中，漂亮的枝干需要'瘦'才能表现出那种清逸脱俗的意境"时，才终肯罢休。

　　李英保所画的梅花，在当今画坛独树一帜，尤其以"五色梅"令人称绝。之所以能画出这样有灵性的梅花，是因为李英保觉得，要画出梅花的神韵，就必先读懂梅花。因此一有时间，李英保就到各地寻梅、探梅、问梅、赏梅，家里也养着好几盆梅花。他最喜欢的，是那种有着奇、怪、老的枝干并能迎风傲雪盛开的梅花。比较之下，北方的梅花比南方的梅花更符合他笔下梅干机理沉雄苍老、风骨峥嵘的古梅形象。

　　梅花的枝干是李英保画梅令人称奇的一大特色。在他看来，枝干画得好，更能表现出梅花的风骨神韵和精神。为此，他通过枯笔皴擦、湿笔写意、虚实结合、浓淡相配，甚至把素描和速写融入，再加上自己淡青绿、浅胭脂等色彩和老辣线条，表现出梅花虬曲苍劲的枝干，使画面呈现一派新鲜离奇、老干发新枝的景象。

◎故事感悟

　　自古以来，梅花以傲立冰雪的风骨和不畏严寒的品格让人折服和赞叹。据说周恩来同志特别喜爱和赞赏梅花，就是因为梅花的精神和风貌。因此，梅花也成为画家笔下经久不衰的创作题材。李英保秉持严谨的精神和画风，画出了属于自己独特风格的梅花，展现了自己的独特风采。

◎史海撷英

李英保的三位师傅

　　在绘画大师李英保的艺术生涯中，有三位老师对他产生了非常大的影响。

　　第一位是著名的国画家黄胄。20世纪60年代，李英保在新疆石河子偶遇正在此写生的黄胄，黄胄的为人和对绘画的执著给他留下了深刻印象。而黄胄对这个对艺术虔诚的年轻人也很有好感，邀请李英保到他的家里做客。以后每次到黄胄家里，李英保都会在旁边看他绘画，"一定要坚持速写"，黄老说过的这句话让他终身受益。受黄胄的影响，曾有三年的时间，李英保都坚持每天画几张速写，没有一天中断过。这为他以后下笔精、准、快打下了基础。

　　第二位是让李英保十分崇敬的龚柯。龚柯早年曾师从中国水彩画开山大师李剑晨和黄河之父谢瑞阶，后来到北平国立艺专就读，得到了黄宾虹等国画大师的教授。1942年，他又随国立敦煌艺术研究所所长常书鸿到莫高窟研究敦煌艺术。在龚柯的悉心教授下，李英保在水墨技法上有了大大提高。

　　第三位是清华大学美术学院教授李砚祖，也是我国当代著名的艺术学家、美术学家。虽然他的年龄比李英保小10岁，但李英保仍然很佩服他的博学和严谨，称他为自己的文史老师，自己写的画梅文章都先请他挑挑毛病。李砚祖对李英保完成从实践到理论的飞跃提供了很多帮助。

◎文苑拾萃

宝剑锋从磨砺出　梅花香自苦寒来

"宝剑锋从磨砺出，梅花香自苦寒来"出自《警世贤文》之勤奋篇。字面意思：宝剑锋利的剑刃是通过磨剑石的不断研磨而形成的，"磨砺"即研磨、摩擦的意思。梅花之所以香气袭人，是因为它不畏严寒，以顽强的生命力使自己在冬季得以生存，而冬季别的花都已凋谢，只有梅花绽放显得格外香。

引申寓意：一个人要想在事业上有所建树，必须准备迎接各种困难的挑战，不断在实践中丰富自己的阅历，提高自己的能力，才能达到自己向往的目标。不经过磨炼甚至失败，只想成功，那是不可能的；即使是一时成功，也不会坚持长久。